Über das Buch

Literatur, Märchen, Sagen und Landschaft gehen in Schottland häufig eine engere Verbindung miteinander ein als anderswo. Viele der Geschichten in diesem Buch wurden Frederik Hetmann auf seinen Reisen mündlich überliefert. So ist es nicht verwunderlich, dass er dieses Buch nicht nur Märchen- und Geschichtenliebhabern, sondern eben auch Schottlandreisenden ans Herz legen möchte, die einen besonderen Reiseführer suchen. Es ist auch ein Buch, das zu einer Wanderung durch den Zauberwald Schottlands einlädt.

Über den Herausgeber

Frederik Hetmann (Hans-Christian Kirsch), geb. 1934 in Breslau, gest. 2006 in Limburg/Lahn, Autor zahlreicher preisgekrönter Romane, Biographien und Jugendbücher. Ende der 1960er-Jahre begann Hetmann auf Reisen durch Westirland und Schottland Geschichten zu sammeln. Seitdem galt seine Leidenschaft der lebendigen Erzählkunst und dem Sammeln und Übersetzen dieser Märchen und Sagen. Er gilt als profilierter Kenner der keltischen und indianischen Überlieferungen.

Schottische Märchen

Herausgegeben
von Frederik Hetmann

KÖNIGSFURT-URANIA

Überarbeitete Sammlung schottischer Märchen und weiterer Texte aus Frederik Hetmanns Nachlass.

Bibliographische Information der Deutschen Nationalbibliothek
Die Deutsche Nationalbibliothek verzeichnet diese Publikation in der Deutschen
Nationalbibliographie; detaillierte bibliographische Daten sind im Internet über
http://dnb.d–nb.de abrufbar.

Sonderausgabe
2. Auflage Krummwisch bei Kiel 2013

© 2013 by Königsfurt-Urania Verlag GmbH
D-24796 Krummwisch
www.koenigsfurt-urania.com

Umschlaggestaltung: Jessica Quistorff, Seedorf,
unter Verwendung des folgenden Motivs
»Red scottish plaid.« © eAlisa - Fotolia.com
Project Management: Olivia Michalowski, Kiel
Korrektur: Claudia Lazar, Kiel
Satz: Stefan Hose, Götheby-Holm
Druck und Bindung: Finidr s.r.o.
Printed in EU

ISBN 978-3-86826-031-1

Inhalt

Geschichten mit der Anderswelt

Hexengeschichten

Einleitung

✦

Annäherung an Schottland

Literatur, Märchen, Sagen und Legenden gehen in Schottland häufig eine engere Verbindung miteinander ein als anderswo. Gedacht ist diese Sammlung schottischer Folklore deshalb auch als Begleitbuch für den Schottland-Touristen, der mehr sucht als nur einen Reiseführer. Das Buch lädt ein zu einer Wanderung durch den Zauberwald der Phantasie dieses Landes.

Schottische Märchen und Folklore sind nicht nur durch keltische Einflüsse geprägt, wie es zunächst scheinen mag. Tatsächlich findet sich eine Vielzahl von Elementen aus verschiedenen Kulturen darin wieder, die die schottischen Märchen und Traditionen beleben. Zu den wichtigsten Völkern unter ihnen gehören die Kaledonier, die das Gebiet vom Tal der Tay bis zum Great Glen besetzt hielten, die Pikten – sie gelten als die Ureinwohner –, die irischen Einwanderer, also die benannten Kelten, die Nordmänner und auch die Römer, die von Süden her vordrangen.

Ein keltischer Stamm, genannt die Skoten oder auch Scotti, überquerte, von Irland her kommend, das Meer im 5. Jahrhundert n. Chr. Die Einwanderer fanden in den Highlands und auf den Inseln die Pikten vor und gaben dem Land seine gälische Sprache. Dieses historische Ereignis spiegelt sich in der häufigen Erwähnung Irlands in schottischen Märchen. 843 wurde Kenneth MacAlpin aus dem Fürstentum Dalriada König von Alba, wie sein Teil des Landes damals genannt wurde, aber erst nach der Schlacht von Carham 1018 fasste Duncan I. die verschiedenen Stammesgebiete zum eigentlichen Schottland zusammen, dies allerdings mit Ausnahme der Orkneys, Shetlands und der Hebriden, die damals von Norwegen beherrscht wurden.

Seit Beginn seiner Geschichte bestand Schottland aber doch aus zwei »Nationen«: den reichen Lowlands und den Highlands, doch darauf kommen wir noch später.

Viele alte Bräuche und Vorstellungen sind selbst heute noch in der mündlichen Überlieferung lebendig. Geschichten von der letzten großen Rebellion gegen England 1745 und den Vertreibungen (*evictions*) des schottischen Adels in den folgenden Jahrzehnten werden erzählt, als habe sich all dies erst gestern zugetragen.

Der Glaube an das zweite Gesicht ist mehr oder weniger überall in den schottischen Highlands vorhanden. Im gälischen Westen Schottlands gibt es bis heute Menschen, die behaupten, direkten Kontakt mit Feen zu haben.

Der Kampf gegen die gälische Sprache und die an sie gebundenen Geschichten und Traditionen begann letztlich mit der Christianisierung ab dem 7. Jahrhundert. Aus einer Schrift von John Carswell, Bischof der Inseln, aus dem Jahr 1567 wissen wir um die Polemik der seit 1560 reformierten Kirche gegen solch »heidnischen Aberglauben«. Dies zielte vor allem gegen die Mythen um die *Tuatha De Danann*[1], die ursprünglich auch von Schreibern der frühchristlichen Evangeliare in Freiräumen zwischen den christlichen Texten überliefert worden waren.

Zwar trug die Unterdrückung der gälischen Sprache und des mündlichen Erzählens in dieser Sprache durch die protestantische Kirche entscheidend dazu bei, dass viele Märchenstoffe untergingen, aber letztlich triumphierte doch in den entlegenen Landesteilen die keltische Erzählfreude. Was den Lauf der Zeiten und die politischen Konflikte überdauerte, war umfangreich und bizarr genug.

---

1 Ein Urvolk, das von der Göttin Danu abstammen soll.

Die systematische Erfassung der Märchen und Sagen in den schottischen Highlands begann im 19. Jahrhundert mit der Arbeit von John Francis Campbell (*Iain Òg Ìle*, der junge John von Islay). Campbell war vor allem an Geschichten der Highlands interessiert und versuchte diese nach den verschiedenen Typen zu ordnen.

Ein anderer wichtiger Sammler war Alexander Carmichael, der vor allem die Zaubersprüche und Inkantationen sammelte, aber auch alle gälische Folklore, die er hörte. In unserer Zeit ist es die *School of Scottish Studies* an der Universität von Edinburgh, wo auf Tonband die nun rasch versickernden letzten Stücke einer oralen Überlieferung festgehalten wurden.

Wie ist Schottland? Diese Frage werden sich Menschen vom Kontinent vielleicht stellen, die zum ersten Mal planen, dorthin zu reisen. Auch darauf soll hier eine, freilich subjektive, Antwort gegeben werden.

Auf den Highlands, den Inneren und Äußeren Hebriden, den Orkneys und Shetlands hat man das Gefühl, weit nördlich zu sein, was ja auch objektiv stimmt. Man befindet sich auf der Höhe von Südnorwegen und ich behaupte: Das merkt man auch!

Schwieriger ist es auszumachen, worauf dieser subjektive Eindruck beruht. Ich will versuchen, es zu beschreiben: Luft und Licht sind anders als im südlichen England, erst recht anders als in Mitteleuropa: nördlich-maritim, immer etwas windgeschwängert, auch wenn kein Wind geht, dennoch weich.

Wenn man erfahren will, was Stürme sind, wirkliche Stürme, muss man nicht bis auf die Orkneys fahren, wo der Sturm die Wasser wolkenkratzerhoch aufwühlen kann. Auch ein windiger Dezember- oder Januartag auf dem Festland genügt, um zu erleben, was Wind in Schottland bedeutet. Das muss man mögen, denn es schafft eine andere physische und psychische Befindlichkeit als jene, die man aus Deutschland gewohnt ist.

Aber bleiben wir bei der Frage: Wie ist Schottland?

Ein Land der weiten Wiesen, der lieblichen Hügel, ausgedehnter Wälder, ruhiger, von Ebbe und Flut veränderter Buchten in den Lowlands, jenem Landstrich südlich von Glasgow und Edinburgh. In den Highlands wilde Bergtäler, die Berge wie Festungen von Riesen, ein Land voller Seen und Meeresfjorde.

Ein Land mit zwei Großstädten, Edinburgh und Glasgow, beide völlig verschiedenen Charakters.

Ein Land, in dem der Export von Whisky, Lammfleisch und Lachs wichtige Einnahmequellen im nationalen Budget darstellen.

Ein Land, das zu Großbritannien gehört und immer, bis heute, seine Selbständigkeit behauptet hat, ja sie in den letzten Jahren sogar auszuweiten verstand.

Ein geschichtsträchtiges Land. In der Frühzeit kamen die Pikten, es folgten keltische Stämme aus Irland, Sachsen und Norweger. Als die Normannen in England einfielen, flohen viele englische Adlige nach Norden. Nicht selten wurden sie in den Lowlands, an den *Borders*, ansässig, und ihre Nachkommen ritten später unter den »Eisenkappen« als Rinderdiebe bei den Überfällen auf englische Nachbarn mit.

Ein Land, das ein eigenständiges Königtum entwickelte, ein Land, in dem das gälisch-katholische Christentum vom römisch-katholischen verdrängt wurde, in dem zumindest seit 1295 die *Auld Alliance*, also das politische Bündnis zu Frankreich besteht.

Ein Land aber auch, in dem die Wikinger und die norwegischen Könige eine Rolle spielten, in dem über ein paar Jahrhunderte die Stuarts an der Macht waren, die Stuarts, die nach England und Frankreich heirateten, was zu fast ununterbrochenen Konflikten zwischen England und Schottland führte. Bis schließlich, seit dem Besuch des englischen Königs George IV. und während der Regierungszeit der Königin

Victoria in England eine neue romantisierende Schottland-Begeisterung ausbrach.

Ein Land, dessen Natur durch die Wirtschaft kaum beeinträchtigt wird, weil Schwerindustrie nach dem Niedergang der Schiffs- und Stahlindustrie selten geworden ist.

Ein Land mit einem kulturellen Erbe von europäischer Ausstrahlung. Um nur fünf Orte ziemlich willkürlich herauszugreifen, die nicht allein für schottische, sondern auch für europäische Kulturgeschichte von Bedeutung sind, Orte, deren Aura auf jeden Besucher einen besonders nachhaltigen Eindruck machen wird:

Skara Brae: jene zufällig ans Tageslicht gekommene menschliche Siedlung, die ungefähr zwischen 3100 bis 2500 v. Chr. angelegt wurde.

Iona: Colum Cille's Insel, Wiege des Christentums in Schottland, Entstehungsort des wunderbaren *Book of Kells*[2], das heute im Trinity College in Dublin aufbewahrt wird, Begräbnisstätte von 48 schottischen, vier irischen und acht norwegischen Königen. *Whithorn*: Zentrum des britischen Handels während der römischen Besetzung des Südostens von England, in Galloway, im Südwesten der Lowlands gelegen, im Mittelalter Ziel von Wallfahrten aus ganz Nordwesteuropa bis zu deren Verbot 1581 durch das (protestantische) schottische Parlament.

Kirkwall: Die St.-Magnus-Kathedrale, aus rotem Sandstein errichtet, inspiriert von normannischer Bautradition.

Schließlich, um die Moderne nicht zu vergessen: *Helensburgh* bei Glasgow: und hier *Hill House,* das weiße Haus über der Clyde-Mündung, erbaut von Charles Rennie Mackintosh um 1903 für den Verleger Walter Blakie für 5.000 Pfund, ein Haus als Gesamtkunstwerk, romantisch, märchenhaft und

---

2 Enthält die vier Evangelien als auch aufwändige Abbildungen von Maria, Christus und den Evangelisten.

durchaus fraglich, ob im Alltag praktisch, aber von einer konzentrierten Schönheit.

Zu preisen wären Schottlands Gärten und Parks: beispielsweise der von *Inverewe* im Norden, jener andere um das Macbeth-Schloss *Cawdor Castle* in den östlichen Highlands, die *Botanischen Gärten* von *Edinburgh*, *Glasgow* und *Logan* und der schier endlose Park um *Castle Kennedy*, die beiden letzteren in Galloway. Besser noch wäre es, einmal in der Woche dort spazieren gehen zu können.

Es muss noch ein Wort zum Essen und Trinken gesagt werden, zum *Haggis* als Fabeltier und als rituell servierte Speise: Der Haggis-Segen des schottischen Nationaldichters Robert Burns[3] muss darüber gesprochen, der mit Innereien und Hafer gefüllte Schafsdarm dann mit zwei Dolchen zerteilt werden!

Das Schottland der Märchenphantasie und das Schottland der Wirklichkeit sind einander, wie man entdecken wird, nahe. Wer das eine kennt, wird das andere besser verstehen und genießen können. Andererseits begreift man, wenn man die Szenerien des realen Schottlands sieht, dass dies ein Land ist, das phantastische Geschichten geradezu suggeriert. Die Würze bei all dem ergibt sich aus dem besonderen Erzählsinn der Kelten und der bei ihnen ausgeprägten und lange beibehaltenen Tradition der mündlichen Überlieferung.

In diesem Sinn: Auf zu ein paar Spaziergängen durch den schottischen Zauberwald, er ist schier endlos und hält für den neugierigen und ausdauernden Wanderer immer neue Überraschungen und Entdeckungen alten, schon unterzugehen drohenden Wissens bereit.

---

3 (1759-1796)

Die Highlands

Die Highlands beginnen nördlich von Edinburgh und Glasgow. In früheren Zeiten waren die Menschen der wildromantischen Landschaft der tiefen Fjorde, der Hochmoore und Gebirge in Clans organisiert. Frühe Aufzeichnungen zeigen, dass es das Clansystem in Schottland mindestens seit dem 6. Jahrhundert n. Chr. gab.

Nahezu alle Highland-Clans haben ihren Ursprung in Irland, die »echten« Clansnamen erscheinen im 10., 11. und 12. Jahrhundert. Die meisten Genealogien werden zurückgeführt auf Loarn, Sohn des Erc, einen jener drei Brüder, die Ende des 5. Jahrhunderts in Argyllshire das Königreich Dalriada gründeten.

Die Campbells scheinen rein legendären Ursprungs und die MacLeods und Nicholsons haben starke nordländische Elemente in ihren Stammbäumen.

Das Konzept des Clans unterscheidet sich von dem des Stammes, indem der wesentliche Gesichtspunkt des Clans die Blutsverwandtschaft ist, während der Stamm (*tuath*) eine territoriale Basis besitzt. Das Wort *dann* bedeutet Nachkommen oder Kinder.

Die Mitglieder eines Clans trugen einen gemeinsamen Namen und dieser Name leitete sich von einem gemeinsamen Ahnen her, der in einigen Fällen eher eine heidnische Gottheit gewesen sein dürfte als eine historisch-reale Person. Der Clanchef genoss ein halb göttliches Ansehen, seine Entscheidungen hatten absolute Geltung, auch konnte er von seinen Männern unbedingte Loyalität fordern. Er war der tatsächliche Besitzer des Landes, das er an die Clansmänner verlieh, die ihm dafür Abgaben zahlten und im Kriegsfall Waffendienste leisteten. Bei Loyalitätskonflikten zwischen König und Clanchef hatte letzterer immer den Vorrang.

Die Clans wurden in Notzeiten mit dem *Fiery Cross* zu einem besonderen Versammlungsplatz zusammengerufen. Zwei

Männer trugen jeweils einen Baumstamm, dessen Holz über dem Feuer geschwärzt worden war, durch das Clangebiet und riefen dazu die militärische Parole. Sobald sie müde wurden, löste man sie ab. Jeder Mann griff daraufhin sofort zu den Waffen und eilte zur Sammelstelle, um die Befehle der Clanchefs entgegenzunehmen.

Clanmitglieder waren an besonderen Abzeichen zu erkennen und noch heute weisen sie ihre Zugehörigkeit durch das Webmuster ihres Tartans[4], der traditionellen Kleidung der männlichen Highlander, aus. Aber das war nicht immer so. Die MacDonalds erkannte man früher an einem Sträußchen Heidekraut; dementsprechend war es auch ihr Kriegsruf, nämlich *toach*. Die Grants trugen Fichtenzweige, die MacIntoshes eine Stechpalme.

In gewissem Sinn war die Wahl der Abzeichen durch etwas bestimmt, was in der Gegend wuchs, aus der der Clan stammte, aber es ist denkbar, dass man den als Abzeichen gewählten Pflanzen ursprünglich auch magische Wirkung zuschrieb.

Die Clans waren häufig untereinander bis aufs Blut verfeindet und man könnte Bände mit Berichten über solche Clanfehden füllen.

Der Ursprung der Tartans, soll im 15. Jahrhundert in der Regierungszeit James III. liegen. Der Tartan war zunächst aus grobem Stoff, die frühesten Beschreibungen schottischer Armeen sprechen davon, dass die Krieger fast nackt gingen und farbige Westen trugen.

Das *breacan-feile*, das gemusterte Tuch, ist noch heute das traditionelle Bekleidungsstück der Highlander. Es besteht aus einem einfachen Tartanstoff, sechs Yards lang und zwei Yards breit, die *plaid* wird um die Hüfte gelegt und mit einem Ledergürtel befestigt, so dass das Unterteil bis auf die Mitte des Kniegelenks fällt. Der obere Teil wird mit einer Brosche oder

---

4 Plaid in buntem Karomuster, karierter Umhang der Schotten.

Nadel an der linken Schulter zusammengehalten, die rechte längere Seite des Tuchs wird in den Gürtel gesteckt. Vorn trägt der Highlander den *sporan*, eine Tasche aus Ziegenhaut oder Dachsfell. Sie ist in mehrere Fächer unterteilt und enthält die Uhr und das Geld.

Ursprünglich gingen die meisten Highlander barfuß, manche banden Fetzen ungegerbter Häute um ihre Füße. Der Gebrauch von Strümpfen kam verhältnismäßig spät auf. Sie bestanden ursprünglich aus demselben Stoff und hatten dieselben Muster wie der Tartan. Die Strumpfgürtel waren breit und von kräftigen Farben. Die Mütze mit verschiedenen Mustern vervollständigte die Nationaltracht, hinzukam das Breitschwert, im Gürtel steckten häufig ein Paar Pistolen und ein Löffel.

Die reichen Gegenden in den Lowlands waren ein beliebtes Ziel ihrer Raubzüge, bei denen sie vor allem die Viehherden forttrieben. Da die Highlands damals schwer zugänglich waren, war es fast unmöglich, die Räuber zu verfolgen oder gar zu fangen.

Die Lowlands

Die Lowlands umfassen das Gebiet südlich der Linie Glasgow - Edinburgh und den Cheviotbergen. Sehr zu Unrecht ist dem Touristen über lange Jahre hin immer geraten worden, hier einfach durchzufahren, denn Schottland, das seien doch die Highlands. Viele Fremde meinen deshalb, Schottland beginne erst hinter Glasgow. Sie verpassen so einige der schönsten und geschichtsträchtigsten Landschaften. In *Jedburgh* beispielsweise, der ersten schottischen Stadt jenseits der Grenze von Carter Bar, stößt man auf das Haus, von dem aus Maria Stuart mit ihrer Hofdame Mary Fleming nach *Hermitage Castle* zu ihrem Geliebten Bothwell aufbrach. *Galloway Forest* spielte im Kampf Schottlands um seine Eigenständigkeit eine wichtige Rolle. Hier schlug 1307 Robert the Bruce, der sich damals auf der Flucht befand, mit einer kleinen Schar von Anhängern die überlegenen englischen Streitkräfte. *Culzean Castle* an der Westküste sollte man besuchen, nicht nur wegen der phantastischen Aussicht auf den *Firth of Clyde* und wegen der *walled gardens,* sondern auch, weil es eines der Meisterwerke des berühmten schottischen Architekten Robert Adam darstellt.

Oder nehmen wir das vielleicht schönste schottische Märchen, die Geschichte von Tam Lin, den die Feen entführen und den seine Liebste Janet am Halloweentag auf dem Kreuzweg erlöst. Das Gehöft *Carterhaugh* hat sich bis in unsere Tage in den Lowlands erhalten. Es gäbe noch hundert Beispiele mehr für die Behauptung, dass, wer die Lowlands nicht kennt, nur das halbe Schottland kennt.

Freilich sind die Lowlands, wenn man sie von England her betritt, eine »etwas andere Welt«, deren Menschen das *Scottish Tourist Board* als »freundlich, gastlich, aber wildwütig auf ihre Unabhängigkeit bedacht« charakterisiert. Zudem gilt es nun für den Fremden, eine neue Sprache zu lernen. Statt *shopping* heißt es *messages*, statt *know ken*, Kartoffeln sind *tatties,* Jungen sind *loons.*

Es gibt zwischen der Grenze und Edinburgh die belebte Autobahn, auf der der Fernverkehr von Süden nach Norden und von Norden nach Süden rollt. Zudem liegt im Osten die Durchgangsstraße von Glasgow nach Carlisle, die mit Lastwagenverkehr meist stark belegt ist. Im Übrigen aber braucht man nur ein paar Meilen von den großen Verkehrsadern abzuweichen und man kommt in ein Land, das gegenüber den Highlands einen eher sanften Reiz hat.

Es sei das atavistische Gefühl, wieder in seinem eigenen Land zu sein, das wohl auch die Border-Räuber empfunden hätten, wenn sie von ihren Rinderdiebstählen jenseits der Grenze aus England zurückkamen.

Tatsächlich kommt man hier in einen Landesteil ganz individueller Atmosphäre und höchst unterschiedlicher Landschaften, die vom Meer oder dessen oft tief eingeschnittenen Buchten, häufiger noch von lieblichen Flussläufen geprägt werden. Ein merkwürdiges Phänomen ist es, dass eine der markantesten Landschaften in den Lowlands *Southern Uplands* genannt wird. Erst fährt man durch ganze Staffeln von Hügeln mit abgeplatteten Spitzen, über von Wind und Regen gegerbte Moore mit engen Glens (Tälern), rasch fließenden Bächen und schwarzblauen Lochs. Die Uplands erstrecken sich über das ganze mittlere Südschottland. In ihrem Westen liegt das für den von Glasgow kommenden Touristen überraschend auftauchende große Waldgebiet des Galloway Forest Parks mit den höchsten Erhebungen des Südens.

Von Ardrossan setzt man mit der Fähre auf die Isle of Arran über und von dort nach Kintyre. Wieder kommt man in eine andere Welt, in der man verlockt wird, von Insel zu Insel springend, auch noch Gigha, Islay Jura zu besuchen. Denn hier gerät man immer tiefer in die wohltuende Stille, die einen auch schon auf dem Festland umgibt, und sieht sich einer wild-bizarren Natur gegenüber, ähnlich der der Highlands, die man gern als Wanderer näher in Augenschein nehmen möchte. Von der Küste bei Campbelltown aus hebt sich in der Ferne Nordirland als blauer Schatten aus dem Meer. Von Whithorn, im Süden von Galloway, ist es nicht Irland, sondern die Isle of Man, die sich am Horizont aus dem Dunst schält. Und schließlich finde ich in meiner Erinnerung den Umriss jenes geheimnisvollen Eilands wieder, das man, von Culzean Castle aus gegen Süden blickend, bei einigermaßen klarem Wetter nicht übersehen kann: die Feeninsel, bei deren Anblick man plötzlich begreift, wie die keltische Vorstellung von einer Anderswelt entstanden sein mag. In den zentralen Lowlands erblickt man fast überall am Horizont die drei Spitzen der Eildonberge, wie überhaupt in dieser Landschaft die

Zeugnisse früherer vulkanischer Tätigkeit nicht zu übersehen sind.

Wieder zurück im Südwesten der Lowlands, lassen sich die *Rhinns of Galloway* und in den *Machars* eine ganze Anzahl prächtiger Parks und Gärten erkunden, die allein den Besuch in dieser Region lohnen. Schließlich liegt dort auch das bereits erwähnte *Whithorn*, das sich mit einiger Berechtigung »Wiege der Christenheit« nennt und wo der Besucher, dank der umfangreichen Ausgrabungen während der letzten Jahrzehnte, sein Wissen um Schottlands frühe Geschichte erweitern kann.

Vor 1500 Jahren, als die römische Herrschaft gerade zusammenbrach, baute St. Ninian, Schottlands erster Heiliger, hier eine Kirche. Sie und der Schrein wurden nach St. Ninians Tod bis zur Reformation zum Zielpunkt von Pilgern aus ganz Nordwesteuropa. Beide standen bei den Einwohnern Northumbrias, bei den christlich gewordenen Wikingern und bei den Schotten selbst, in hohem Ansehen. Eine Kathedrale nahm schließlich die Gebeine des Heiligen auf.

Nicht weit entfernt an der Colvend Küste liegt *Rockcliff*, wo man auf einem Hügel, nun von üppiger Vegetation überwuchert, auf ein *dun* (Fort) der Pikten stößt, das den Archäologen insofern Rätsel aufgibt, als die Fugen zwischen den Steinmauern aus einer glasartigen Flüssigkeit bestehen, deren Herstellung eine Temperatur von 1150 Grad Celsius voraussetzt.

Im Norden der unwirtlichen *Cheviot Hills*, die sich quer über die Borders hinziehen, liegen im Tal des Tweed eine Reihe schmucker kleiner Landstädte. Hier befand sich zur Zeit der Stuartkönige deren bevorzugtes Jagdgebiet. Am Ufer des Tweed, vor allem in *Peeblesshire*, erkennt man auf den Höhen immer wieder turmartige Befestigungen, *peels* genannt.

Gerade so, wie die Border-Schafe ihre angeblich besonders langfaserige Wolle an Zäunen und Grashalmen als Spuren ihres Weidens zurücklassen, ist die Gegend durch unsichtbare Fäden der Erinnerung mit der Vergangenheit verbunden. Jene Ereignisse, die bis heute am stärksten nachwirken, sind die langen Grenzkriege, die Ritte der *border reivers* oder *moss troopers*, deren Zeugnisse und Orte der Handlung freilich nun auch unter romantischer Verklärung zum Anlocken der Touristen herhalten müssen. Gerade deshalb muss man die geschichtliche Realität kennen, wenn man den Geist dieser Landschaft und das Fühlen und Denken der Menschen, die in ihr leben, verstehen will.

Der Begriff *border* kann leicht missverstanden werden, da nicht alle *countries* der Lowlands an England grenzen. Im Sinn von Verwaltungseinheiten gesprochen, gehören Berwickshire, Roxburgh, Ettrick, Lauderdale und Tweeddale im engeren Sinn zur Border, während weiter im Westen Dumfries und Galloway und das Land am Solway Firth von den Traditionen, die mit ihr im Zusammenhang stehen, weit weniger geprägt sind.

Es waren die Römer, die mit dem Hadrianswall vom Solway Firth über Carlisle nach Newcastle im Osten im Jahr 123 v. Chr. die erste einschneidende Grenze setzten.

Sie liegt (südlich) außerhalb des eigentlichen Schottlands. Doch unter dem zunehmenden Druck der verschiedenen keltischen Stämme zogen sich die Römer schließlich von diesem, ihrem nördlichsten Vorposten zurück. Wichtig zu wissen ist, dass bei der normannischen Invasion unter William dem Eroberer viele Angelsachsen nach Norden flüchteten. Darunter auch Prinzessin Margaret, die den schottischen König Malcolm heiratete.

1072 marschierte William nach Norden und stellte Malcolm vor die Alternative: Unterwerfung oder Krieg. Zwischen diesen beiden Kontrahenten ging die Auseinandersetzung noch unentschieden aus: Sie starben, ohne dass sich die Lage eindeutig geklärt hätte. Williams Nachfolger Rufus gelang es, den Schotten 1092 Carlisle abzunehmen, Stadt und Burg aufzubauen und mit ihr einen wichtigen englischen Machtfaktor zur Sicherung der Grenze zu schaffen. Es folgte eine Zeit des Friedens zwischen den Nachbarn, die damit endete, dass, Ironie des Schicksals, 1286 König Alexander III. von Schottland von einer Klippe stürzte und starb, weil er es eilig hatte, bei Nacht heim zu seiner schönen Frau zu kommen. Der schottische Thron ging damals auf ein Kind, seine Enkeltochter Margaret, über, die Edward I. von England halb unter Zwang mit seinem Sohn verheiratete. Aber 1290 starb Margaret und Edward machte seine Marionette Balliol zum Herrscher über Schottland. Da drängte es offenbar beide Seiten zu einer Auseinandersetzung. Die Engländer kassierten schottisches Eigentum im Süden, die Schotten richteten unter englischen Matrosen ein Massaker an. Balliol schlug sich ins schottische Lager, weil er sich in eine schottische Adlige verliebt hatte. Der Krieg begann. Die Schotten kamen über die Grenze und brannten Carlisle nieder. Edward fiel in Schottland ein und tötete bei der Einnahme von Berwick zwischen 7000 und 8000 Menschen, nach offizieller Schreibweise »jeden Waffen tragenden Mann«, nach inoffizieller Version auch Frauen und Kinder. Edward schlug das schottische Heer bei Dunbar und brachte den heute noch wichtigen »Stein des Schicksals«, die Reliquie der schottischen Königswürde, an sich. Er sicherte sich die Unterstützung der schottischen Großgrundbesitzer und der Kirchenmänner und ließ einen ältlichen, inkompetenten Gouverneur zurück.

Danach erlebte Edward, was seitdem viele englische Herrscher und Politiker erlebt haben: Es ist leichter, Schottland zu besiegen als es zu beherrschen. Die Unzufriedenheit mit der englischen Verwaltung ausnutzend, stellte William Wallace, Sohn eines Adligen aus Renfrewshire, eine Armee aus Fußvolk zusammen, die im September 1297 die aus Bogenschützen und Kavallerieverbänden bestehenden englischen Truppen bei der Überquerung des Forth bei Stirling entscheidend schlugen. Zwar wurde dieser schottische Volksaufstand 1298 niedergeworfen. Wallace wurde gefangen genommen und 1305 in London wegen Hochverrats verurteilt, enthauptet, sein Leichnam geviertteilt, Teile in Newcastle, Berwick, Stirling und Perth zur Abschreckung öffentlich ausgestellt, während der Kopf die London Bridge zierte. Doch schon 1314, unter seinem Enkel Robert the Bruce, der 1306 in Scones zum schottischen König gekrönt worden war, regte sich der schottische Widerstand abermals. Bei Bannockburn wurden die Engländer geschlagen, aber Bruce, der keine Reiterei besaß, konnte ihnen nicht nachsetzen.

Es war in dieser Epoche, dass sich im Land nördlich und südlich der Grenze eine nun lange gültige Lebensform mit eigenen Verhaltensmustern abzeichnete.

Für den durchschnittlichen Einwohner der Borders bestand zwischen Krieg und Frieden kein großer Unterschied. In den anglo-schottischen Kriegen gab es keinen Gewinner und sie konnten jederzeit wieder ausbrechen.

Es lohnte sich für die Leute einfach nicht, sich irgendwo fest niederzulassen, selbst nicht im so genannten Frieden. Wozu auch, wenn man Gefahr lief, dass die Ernten noch auf dem Halm verbrannt wurden? Warum sich ein Haus bauen, wenn es einem schon nächste Woche angesteckt werden konnte? Warum Kinder ein friedliches Gewerbe lernen lassen, wenn sie in einer Gesellschaft aufwuchsen, die im Grunde von Raub und Verderben lebte?

Natürlich nahm unter solchen Umständen der nationale Hass ständig zu. Und immer war das jeweils andere Land an allem schuld und es war ganz selbstverständlich, dass man berechtigt war, Rache zu nehmen. Verschärft wurde die allgemeine Unsicherheit noch dadurch, dass beide Regierungen sich offiziell über die Untaten empörten, aber gleichzeitig das Bestehen mobiler Kampfverbände für ihre Zwecke nutzten.

Unter den so genannten *reivers* (Räuber, Plünderer) ritten Adlige und Landarbeiter mit, einige waren lediglich Räuber, andere teilten ihre Zeit zwischen Arbeit in der Landwirtschaft und den Räubereien. Häufig fanden sich ganze Großfamilien in den Räuberhaufen zusammen. Unter den Trupps aus Liddesdale tauchen die Namen der Elliots, Armstrongs und Nixons immer wieder auf, unter denen aus Tynedale waren die Charltons, Dodds, Burns und Robsons ständig vertreten.

George MacDonald Fraser[5] stellt fest: »Offensichtlich kannten die Raubzügler einander, dieselben Leute ritten immer zusammen und es gibt Hinweise auf eine ausgeprägte professionelle Loyalität, ob man nun derselben Familie angehörte oder nicht. Das berufliche Band spannte sich oft auch über die Grenze hinweg, Engländer ritten in schottischen Trupps mit und umgekehrt.

Die Raubzüge begannen meist mit einem *tryst*, einem Rendezvous, bei dem über die letzten Einzelheiten und Ziele beraten wurde. Dann ging's ins Feindesland, man stahl Getreide oder Vieh, machte mit der Beute sofort kehrt, um möglichst noch in derselben Nacht wieder zur eigenen Familie zu stoßen. Zum Anführer brachte es, wer besonders sichere Wege durch die Wildnis oder Verstecke kannte, in die man sich samt der Großfamilie und der Beute verkroch und für eine Weile unsichtbar blieb.«

Die Ritte der *reivers* hielten bis in die Regierungszeit James I. beziehungsweise VI., König von England und Schottland, des Sohnes von Maria Stuart, an. Die Beamten, die er ernannte, um die Borders zu befrieden, gingen hart vor und die damals begangenen Greueltaten sollen nicht beschönigt werden.

Immerhin kann man George MacDonald Fraser wohl zustimmen, der schreibt:

»Abermals muss man das, was da geschah, im größeren Zusammenhang betrachten. James war entschlossen, aus einem zweigeteilten Land eines zu machen, die alten Streitigkeiten

---

5 Schottischer Autor historischer Romane und Drehbücher (1925-2008).

zu begraben und den Frieden herzustellen. Es war nicht seine Art, dabei übermäßig friedfertig oder geduldig vorzugehen. Wer die Borders und ihre Geschichte kennt, wird ihn dafür nicht nur tadeln ... es ist richtig, dass man mit den ›Border-Reitern‹ harsch verfuhr, aber man muss dazu auch sagen, dass sie ihrerseits nicht zimperlich gewesen waren. Ohne Zweifel kam es bei der Befriedung der *Borders* zu Ungerechtigkeiten und Ausschreitungen, aber indem man das feststellt, werden die Opfer nicht edler.«

Interessant ist in diesem Zusammenhang die mit Ironie getränkte Äußerung Alastair M. Dunnetts, eines Highlanders unserer Tage: »Zusammen mit meinem Clan und meiner Verwandtschaft habe ich von der Geschichte her Grund genug, den *Borders* und ihren Bewohnern dankbar zu sein. Für viele Jahrhunderte hielten sie uns die ständig anrennenden Engländer vom Leib oder beschränkten ihr Vordringen auf den Süden von Schottland. So konnten wir im Norden und Westen weiter unsere kleinen Clanfehden und Gefechte austragen und immerhin für kurze Zeit ein unsicheres jakobitisches Königreich errichten. Indem sie wie die Israeliten der alten Zeit so verfuhren, entwickelten die *reivers* sich zu einer kämpfenden Macht, deren Ruhm, was immer ihre eigenen Forderungen gewesen sein mögen, selbst ihre bittersten Feinde nicht bestritten.« Hier ist von Ruhm und Ehre die Rede, aber man muss auch die katastrophalen Folgen der Raubzüge und Brandschatzungen an der Grenze erwähnen. Allein während der Invasion der Engländer 1544 bis 1545 wurden vier der großartigsten königlichen Abteien, nämlich Kelso, Jedburgh, Melrose und Dryburgh, zerstört, Gebäude, so eindrucksvoll in ihrer architektonischen Gestaltung, dass Scharen von Touristen noch heute die Ruinen besuchen.

Die Stadt Kelso wurde wieder aufgebaut, nicht so die Abtei. Abteien niederzubrennen hatte Tradition. Der englische König Richard II. verbrachte eine Nacht in Melrose, am nächsten Tag hatte er schlechte Laune, weil seine Invasionspläne sich als undurchführbar erwiesen hatten. Also verbrachte er den Nachmittag damit, die Abtei niederbrennen zu lassen. Viele Jagdschlösser schottischer Könige lagen im Bereich der Border. Von Zeit zu Zeit nahmen die englischen Herrscher auf den Feldzügen solche Residenzen ein und bewohnten sie mit ihrem Hofstaat. Ehe sie abzogen, steckten sie sie meist in Brand, damit die andere Seite darin nicht Winterquartier nehmen konnte. Dies gilt beispielsweise für Roxburgh, einst die viertwichtigste und bevölkerungsreichste Stadt Schottlands. Ein schottischer König heiratete dort, ein anderer wurde dort geboren, ein dritter kam in Roxburgh ums Leben. Danach wechselte die Stadt so häufig den Besitzer, dass schließlich Stadt und Schloss von der Landkarte verschwanden und es heute dort nur ein paar grasüberwucherte Steine gibt.

⸙

Die Abenteuer des Mac Ian Direach

Als die Welt noch jünger war, lebte ein Königssohn, dessen Name war Ian Direach, das bedeutet so viel wie »Ehrlicher John«. Er war ein großer Jäger und als er eines Tages die Wälder durchstreifte, mit Pfeil und Bogen in der Hand, sah er über sich den schönsten Vogel, den man sich vorstellen kann, einen blauen Falken.

Rasch surrte sein Pfeil durch die Luft, aber der Falke entkam dem Geschoss und nur eine blaue Feder fiel auf die Erde herab.

Ian hob die Feder auf und als er heimkam, zeigte er sie seiner Stiefmutter, der Königin.

Nun war sie eine Frau, die bösen Zauber trieb, und als sie die Feder sah, wusste sie, dass diese nicht aus dem Gefieder eines gewöhnlichen Vogels stammte. Sogleich war sie entschlossen, sie müsse den blauen Falken bekommen, koste es, was es wolle.

Also befahl sie Ian Direach auszuziehen und nicht eher heimzukehren, bis er den Vogel für sie gefangen habe, und da Ian fürchtete, die Königin werde ihn sonst verzaubern, gehorchte er ihrem Befehl.

Er ging zunächst zu jenem Hügel, wo er dem Falken das erste Mal begegnet war, aber dort ließ sich keine Spur des wunderbaren Vogels entdecken.

Dunkelheit senkte sich auf die Erde, und die kleinen Vögel suchten Zuflucht zwischen den Wurzelstöcken der Dornensträucher. Als die Nacht angebrochen war, setzte Ian sich unter einen Baum, zündete ein Feuer an, um sich zu wärmen, und gerade als er sich schlafen legen wollte, hörte er ein Rascheln. In den Lichtkreis des Feuers schlich sich ein rotbrauner Fuchs, der im Maul eine Hammelkeule und ein Stück Schafsfleisch hielt.

»Das ist heute nicht das richtige Wetter, um im Freien zu übernachten«, sprach der Fuchs.

»Da hast du recht«, antwortete Ian, »aber ich muss für meine Stiefmutter, die Königin, den blauen Falken suchen. Ehe ich ihn nicht gefunden habe, kann ich nicht nach Hause zurückkehren.«

Da sah der Fuchs Ian mit seinen Augen voll schlauer Weisheit an und sagte: »Das ist eine schwere Aufgabe, aber wenn du gut aufpasst, wird sie sich am Ende nicht als unmöglich herausstellen.«

Und während sie die Hammelkeule und das Stück Schafsfleisch zum Abendessen miteinander teilten, Ian war hungrig wie ein Wasserbüffel, erzählte der Fuchs, der blaue Falke gehöre einem Riesen mit fünf Köpfen, fünf Buckeln und fünf Warzen.

»Du musst zu diesem Riesen gehen«, sagte der Fuchs, »du musst dich ihm als Gehilfe verdingen und ihm sagen, du könntest besonders gut mit Vögeln umgehen. Er wird dann alle Habichte und Falken unter deine Obhut stellen und unter ihnen befindet sich auch jener Vogel, den du suchst. Wenn der Riese einmal sein Haus verlässt, wird es für dich ein Leichtes sein, mit dem blauen Falken auf und davon zu laufen. Bedenke aber eines: Während du dich aus dem Haus des Riesen schleichst, darf das blaue Gefieder des Falken nichts, aber auch gar nichts dort berühren. Wenn du nicht vorsichtig bist, wird es dir schlimm ergehen.«

Ian dankte dem Fuchs für den Rat und dann verbrachten die beiden den Rest der Nacht gemeinsam unter dem Baum.

Bei Tagesanbruch wies der Fuchs Ian den Weg zum Riesen mit den fünf Köpfen, den fünf Buckeln und den fünf Warzen. Ian lief bis zu den Bäumen am Horizont und als er dort ankam, war es immer noch ein weiter Weg bis zum Haus des Riesen.

Als aber die Sonne unterging, hatte er endlich sein Ziel erreicht. Er klopfte an die große Tür. Der Riese öffnete selbst und als Ian ihn sah, fragte er sich im ersten Schrecken, ob es nicht besser sei, sogleich wieder davonzurennen.

»Was willst du von mir, Königssohn?«, brüllte der Riese.

»Ich will Euer Diener werden«, sprach Ian, »ich meine, falls Ihr einen gebrauchen könnt, der wie ich gut mit Vögeln umgehen kann.«

»Das trifft sich ja ausgezeichnet«, sprach der Riese, stieß die Tür weit auf und lud Ian ein, näher zu treten.

»Ich suche schon lange jemanden, der sich um meine Habichte und Falken kümmert.«

Also wurde Ian im Haus des Riesen mit den fünf Köpfen, den fünf Buckeln und den fünf Warzen angestellt. Und tatsächlich, unter den Vögeln, die in seine Obhut gegeben wurden, befand sich auch der blaue Falke, den Ians Stiefmutter unbedingt haben wollte.

Als der Riese sah, wie verständig Ian mit den Vögeln umging, entschloss er sich, den Jungen eine Zeitlang allein zu lassen und auf die Jagd zu gehen. Und an einem solchen Tag war es, dass Ian sich zur Flucht entschloss.

Er wartete, bis der die Erde erschütternde Schritt des Riesen nicht mehr zu hören war. Dann holte er vorsichtig den blauen Falken aus dem Käfig. Er bedachte die Warnung des Fuchses und trug den Vogel so vorsichtig bis zur Schwelle, als sei er aus Glas. Aber, ach, als Ian die Tür öffnete und der Vogel das Tageslicht sah, spreizte er seine Schwingen und seine blauen Schwungfedern berührten den Türpfosten, der ein quietschendes Geräusch von sich gab, das man über hundert Meilen und weiter hören konnte. Ian hatte nicht einmal Zeit, um sich zu bedenken, was nun zu tun sei. Schon war der Riese da und brüllte mit fünf Stimmen: »Du hast versucht, mir meinen blauen Falken zu stehlen. Du hast versucht, dich mit etwas davonzumachen, was dir nicht gehört!«

»Vergib mir!«, rief Ian, »aber meine Stiefmutter hat mich ausgeschickt. Und sie hat zu mir gesagt, ohne diesen Vogel dürfe ich mich daheim nicht mehr blicken lassen.«

Da schaute der Riese Ian an, und ein schlaues Lächeln spielte in seinen zehn Augen.

»Den blauen Falken will ich dir gern geben«, sagte er, »aber du musst mir das Weiße Schwert des Lichtes holen, das den Großen Frauen von Dhiurradh gehört.«

Und als Ian versprach, diesen Auftrag auszuführen, und mit leichtem Schritt davonlief, lehnte sich der Riese gegen den Türpfosten, lachte und lachte und sein Gelächter klang wie das Echo des Donners. Er war sicher, dass es Ian Direach nie gelingen werde, mit dieser Aufgabe fertig zu werden.

Viele Meilen wanderte Ian ohne auszuruhen, aber nirgends traf er jemanden, der ihm hätte sagen können, wo die Großen Frauen von Dhiurradh wohnten.

Als es dunkel wurde, setzte er sich unter einen großen Baum und zündete ein Feuer an und als er gerade im Begriff war einzuschlafen, raschelte es wieder und, siehe da, sein alter Freund, der Fuchs, gesellte sich zum ihm.

»Also hast du es nicht geschafft, aus dem Haus des Riesen den blauen Falken zu entführen«, sagte der Fuchs zur Begrüßung.

»So ist es leider«, antwortete Ian, »aber der Riese hat versprochen, mir den Falken zu geben, wenn ich ihm das Weiße Schwert des Lichts hole, das den Großen Frauen von Dhiurradh gehört.«

Da schaute der Fuchs Ian voll schlauer Weisheit an und sagte: »Diese Aufgabe ist schwierig, aber wenn du gut aufpasst, ist es nicht unmöglich, sie zu lösen.«

Und während sie ihr Abendessen zusammen verspeisten, erzählte der Fuchs Ian, dass Dhiurradh eine Insel mitten im Meer sei und die Großen Frauen drei Schwestern seien, die dort lebten.

»Du musst zu ihnen gehen«, sagte der Fuchs, »du musst dich von ihnen anstellen lassen, indem du ihnen erzählst, du könntest besonders gut mit Metallen umgehen und sie putzen. Sie werden dir dann ihre Waffen anvertrauen. Darunter befindet sich auch das Schwert, das du suchst. Wenn sie dann eines Tages nicht zu Hause sind, sollte es dir nicht schwer fallen, mit dem Schwert davonzulaufen. Aber denke immer daran: Du darfst mit dem Schwertblatt nichts in diesem Hause berühren. Sonst könnte es dir übel ergehen.«

Am Morgen gingen die beiden zu einer Stelle, an der der Ozean das Land berührt, und dort sprach der Fuchs: »Ich werde mich jetzt in ein Boot verwandeln und dich zur Insel Dhiurradh tragen.«

Und nachdem er mit den Augen geblinzelt hatte, verwandelte er sich in ein enges, braunes Boot und Ian ruderte darin über die See, bis er an die Klippen eines Eilandes mitten im Ozean kam. Sobald das Boot an Land gezogen war, verwandelte sich der Fuchs wieder in seine wahre Gestalt.

»Viel Glück, Königssohn«, sagte er, als Ian aufbrach, um das Haus der Großen Frauen zu finden. »An dem Tag, an dem du fliehst, werde ich hier auf dich warten und dich wieder über das Wasser tragen.«

Es war nicht sehr weit bis zu einem Haus und als Ian an die große Tür klopfte, waren es die drei Schwestern, die ihm öffneten.

»Was ist dein Begehr, Königssohn?«, fragten sie.

»Ich könnte Euch im Haus helfen«, sprach Ian, »besonders gut zu gebrauchen bin ich, wenn es darum geht, jede Art von Metall zu putzen und zum Glänzen zu bringen.«

»Da kommst du uns gerade recht«, antworteten die drei

Großen Frauen, stießen die Tür weit auf und ließen Ian eintreten. »Wir suchen schon lange jemanden, der unsere Schwerter und Waffen putzt.«

Also trat Ian in den Dienst der Großen Frauen und tatsächlich befand sich unter den Waffen, die er blank halten musste, jenes Weiße Schwert des Lichts, das der Riese mit den fünf Köpfen, den fünf Buckeln und den fünf Warzen so gern besessen hätte.

Als die drei Schwestern sahen, wie gewissenhaft Ian seinen Dienst versah, waren sie zufrieden und meinten, sie könnten ihn nun auch einmal allein lassen und in die Fremde reisen, und an jenem Tag war es, da Ian sich entschloss zu fliehen.

Kaum waren die Große, die Hässliche und die Schwarze zur anderen Seite der Insel davongegangen, da hob er vorsichtig das Weiße Schwert des Lichts von seinem Platz. Er dachte an die Warnung des Fuchses und trug es mit größter Vorsicht bis zur Schwelle. Aber, oh weh! Gerade, als er durch die Tür wollte, berührte die Schwertspitze den Türbalken und das gab ein Geräusch, das man über Tausende von Meilen hin hören konnte.

Sofort stürmten die drei Schwestern heran.

»Ha, du hast also versucht, unser Weißes Schwert des Lichts zu stehlen«, riefen sie, »du wolltest mit etwas davonlaufen, was uns gehört.«

»Vergebt mir!«, rief Ian, »aber es war der Riese mit den fünf Köpfen, den fünf Buckeln und den fünf Warzen, der mich hierher geschickt hat. Wenn ich ihm das Schwert nicht bringe, gibt er mir nicht den blauen Falken, und ohne den blauen Falken kann ich nicht zu meiner Stiefmutter, der Königin, heimkommen.«

Da betrachteten die drei Großen Frauen Ian mit einem verschlagenen Blick.

»Wir werden dir das Weiße Schwert des Lichts geben«, sagten sie, »aber dafür musst du uns das gelbe Füllen beschaffen. Es gehört dem König von Erinn.«

Und als Ian versprochen hatte, ihren Auftrag auszuführen, und mit großer Hoffnung im Herzen aufbrach, fielen sich die drei Großen Frauen um den Hals und lachten und lachten, denn sie meinten, Ian Direach werde diese Aufgabe nun ganz gewiss nicht erfüllen können.

Als Ian wieder zur Küste kam, traf er dort den Fuchs, der schon auf ihn wartete.

»Du hast es also nicht geschafft, das Weiße Schwert des Lichts aus dem Haus der Großen Frauen von Dhiurradh fortzuschaffen«, stellte er fest.

»Leider nicht«, antwortete Ian und er erklärte dem Fuchs, dass er das Schwert nicht bekommen werde, ehe er nicht das gelbe Füllen des Königs von Erinn bringe.

Da sah der Fuchs Ian wieder voll Weisheit und Schläue an und sagte dann: »Die Aufgabe ist schwer, aber wenn du acht gibst, ist es möglich sie zu lösen. Erinn ist ein Land, das noch etwas weiter übers Meer hin liegt. Ich will mich in eine Barke verwandeln und dich dorthin tragen. Wenn wir nach Erinn kommen, musst du dich auf den Weg zum Schloss des Königs machen und dich dort als Stallbursche verdingen. Unter den Pferden, die man deiner Fürsorge anvertraut, wird auch jenes sein, das du suchst. Und in der Nacht, wenn alle schlafen, sollte es nicht schwer sein, mit dem gelben Füllen davonzureiten. Nun musst du aber auch dort aufpassen. Kein Teil des Pferdes, außer seinen Hufen, darf die Innenseite des Stalltores berühren. Andernfalls wird es dir schlecht ergehen und du wirst wieder, wie schon zuvor, in Schwierigkeiten kommen.«

Sofort wurde der Fuchs zu einer Barke mit rotbraunen Segeln und trug Ian zu Erinns grünen Küsten. Dort nahm er wieder seine ursprüngliche Gestalt an und sprach zu Ian: »Glück sei mit dir, Königssohn. In der Nacht, in der du fliehst, werde ich auf dich warten und dich über das Wasser zurückbringen.«

Ian spazierte durch die grüne Landschaft und kam bald an das Königsschloss und als er an die Tür klopfte, tat ihm der König von Erinn selbst auf.

»Was willst du von mir, Fremder?«, fragte der König, der ein hochgewachsener Mann in schönen Kleidern war.

»Ich möchte dir als Stallbursche dienen«, erwiderte Ian.

»Dann kommst du genau zur rechten Zeit«, sagte der König, »ich brauche gerade einen neuen Stallburschen.«

Also trat Ian seinen Dienst in den Stallungen des Königs an und wahrlich, eines der Pferde war jenes gelbe Füllen, das die Großen Frauen von Dhiurradh so sehnlichst zu besitzen wünschten. Nach einiger Zeit schien es Ian günstig, die Flucht zu versuchen. Er ging zum Stall und band das gelbe Füllen los. Sich an die Warnung des Fuchses erinnernd, führte er das Tier zur Stalltür, wollte aufsitzen und davonreiten.

Aber, oh weh! Gerade als er zur Tür kam, strich der Schweif des Tieres über den Türpfosten. Sofort ertönte ein unerhörtes Gekreisch, das man über ganz Erinn hin vernahm. Der ganze Königshof lief zusammen, allen voran kam der König selbst und sprach: »Du hast versucht, mir mein gelbes Füllen zu stehlen. Du wolltest mit etwas fliehen, was dir nicht gehört.«

»Vergib mir!«, antwortete Ian, »aber es waren die Großen Frauen von Dhiurradh, die mich geschickt haben, um dieses Pferd zu holen. Denn wenn ich ihnen das Füllen nicht bringe, geben sie mir nicht das Weiße Schwert des Lichts und wenn ich das Weiße Schwert des Lichts nicht bringe, bekomme ich von dem Riesen mit den fünf Köpfen, den fünf Buckeln und den fünf Warzen nicht den blauen Falken. Ohne den blauen Falken aber darf ich nicht zu meiner Stiefmutter, der Königin, heimkommen.«

Da sah der König von Erinn Ian nachdenklich an und sagte: »Ich gebe dir dann das gelbe Füllen, wenn du mir die Tochter des Königs von Frankreich holst. Ich habe gehört, sie soll das schönste Mädchen auf der ganzen Welt sein, und ich möchte sie heiraten.«

Ian versprach den Wunsch des Königs zu erfüllen und als er fortging, lachte der König so heftig, dass ihm die Tränen über die Wangen rannen. Er wollte einfach nicht glauben, dass Ian Direach diese schwierige Aufgabe würde lösen können. An der Küste traf Ian wieder auf den Fuchs.

»Jetzt sag nur nicht, es sei auch diesmal alles wieder schiefgegangen«, rief der Fuchs Ian entgegen.

»Doch, so ist es«, gestand Ian und er erzählte dem Fuchs, dass er das gelbe Füllen nicht eher bekommen werde, bis er dem König von Erinn die Tochter des Königs von Frankreich bringe.

Der Fuchs sah Ian voller Weisheit und Schläue an und sagte darauf: »Das wird nicht leicht sein, aber wenn du gut aufpasst, lässt es sich schaffen. Ich werde mich in ein Schiff verwandeln und dich über den Ozean nach Frankreich tragen, das noch etwas weiter entfernt liegt. Und wenn wir dort ankommen, musst du zum König laufen und ihm erzählen, dein Schiff liege als Wrack an der Küste. Dann werden der König und die Königin und ihre Tochter kommen und sich das Schiff ansehen wollen; darauf überlass alles Weitere mir und alles wird gut ausgehen.«

Auf der Stelle verwandelte sich der Fuchs in ein seetüchtiges Schiff und trug Ian nach Frankreich. Dort lief der junge Mann zum Schloss des Königs und dieser selbst öffnete ihm die Tür.

»Was willst du von mir, Fremder?«, fragte der König, ein gut aussehender Mann mit einem schwarzen Bart.

»Ach Herr, mein Schiff liegt als Wrack vor der Küste«, sagte Ian, »ich bin gekommen, um Hilfe zu suchen.«

»Ich werde hingehen und mir dein Schiff anschauen«, antwortete der König und dann rief er seine Frau und seine Tochter herbei, damit sie ihn auf dem Ausflug begleiteten.

Als nun Ian Direach die Tochter des Königs von Frankreich zu Gesicht bekam, schien sie ihm das bezauberndste Geschöpf, das ihm je begegnet war, und er wusste, dass der König von Erinn recht gehabt hatte, als er gesagt hatte, sie sei die schönste Frau auf der Welt. Sie hatte langes schwarzes Haar und tiefblaue Augen und ebenmäßige Gesichtszüge. Die drei kamen also mit Ian zur Küste und als sie das Schiff erblickten, waren sie beeindruckt von seiner Größe. Während Ian dastand und überlegte, was er nun tun solle, hörte man plötzlich vom Schiff her süße Musik über das Wasser dringen. Die Tochter des Königs hörte das auch und sie klatschte vor Vergnügen in die Hände.

»Kannst du mich nicht auf das Schiff bringen, damit ich die Musikanten kennenlerne?«, fragte sie Ian.

»Mit Freuden«, antwortete der und während der König und die Königin lächelnd dabeistanden, ergriff er ihre weiße Hand und führte sie an Bord.

Während sie unter Deck die Kabinen betrachteten, füllte der Wind die Segel und das Schiff begann, über den Ozean zurückzufahren, so dass, als Ian und die Prinzessin wieder auf Deck kamen, sie sich mitten auf dem Meer befanden und nirgends mehr eine Küste zu sehen war.

»Ach, du hast mich entführt!«, rief die Prinzessin.

»Verzeihung«, antwortete Ian, »aber es war der König von Erinn, der mich ausgeschickt hat übers Meer, weil er dich zur Frau haben will ...«, und dann erzählte er dem Mädchen alle seine Abenteuer und dass er nicht nach Hause zurückkommen dürfe, ehe er nicht den blauen Falken habe, der im Besitz des Riesen mit den fünf Köpfen, den fünf Buckeln und den fünf Warzen sei.

Als er geendet hatte, seufzte die Prinzessin und sah ihn freundlich aus ihren blauen Augen an. »Lieber Ian«, sprach sie, »ich würde viel lieber dich heiraten als den König von Erinn.«

Ian wurde bei ihren Worten ganz schwer ums Herz, denn auch er hatte sich in die Prinzessin verliebt und der Gedanke, sich von ihr trennen zu müssen, machte ihn traurig.

Aber wieder einmal half ihm der treue Fuchs aus der Patsche. Kaum waren sie an Erinns grüner Küste gelandet, da sagte er Ian, wie dieser den König von Erinn überlisten und die Prinzessin für sich behalten könne.

»Ich werde mich in ein schönes Mädchen verwandeln«, sagte der Fuchs, »und während die Prinzessin hier an der Küste bleibt, wirst du mich zum König bringen und erklären, ich sei die Tochter des Königs von Frankreich.«

»Und«, so fügte der Fuchs mit einem schlauen Lächeln hinzu, »später werde ich fliehen und zu euch stoßen.«

So geschah es. Die Prinzessin blieb an der Küste zurück. Und Ian lief durch das grüne Land mit dem Fuchs an seiner Seite, der sich in eine schöne Frau verwandelt hatte, mit blauen Augen und schwarzen Haaren. Sie kamen zum Schloss des Königs und der König selbst empfing sie. Er wunderte sich sehr, seinen Stallburschen wiederzusehen.

»Sei gegrüßt, König von Erinn«, sagte Ian, »ich bringe dir die Tochter des Königs von Frankreich zur Braut. Wo ist das gelbe Füllen, das du mir versprochen hast, sofern ich diesen Auftrag ausführe?«

»Schon recht«, erwiderte der König und er gab Befehl, das gelbe Füllen mit einem goldenen Sattel und silbernen Steigbügeln zu versehen und es aus dem Stall zu führen. »Nimm das gelbe Füllen«, sagte er zu Ian, »und zieh damit deines Weges.«

Ian ritt auf dem gelben Füllen zur Küste, wo die Prinzessin wartete. Der König von Erinn wollte unterdessen seine Braut umarmen, aber kaum hatte er im Bett seine Arme um sie gelegt, als sie sich plötzlich wieder in ein rotbraunes Vieh verwandelte, das ihn in den Arm biss und darauf rasch zur Küste davonlief. Dort verwandelte sich der Fuchs in eine Barke mit rotbraunen Segeln und segelte mit Ian und der Prinzessin und dem gelben Füllen übers Meer zur Insel Dhiurradh.

»Und nun«, sprach der Fuchs, als sie dort gelandet waren, »werde ich dir sagen, wie du die drei Großen Frauen überlisten und das gelbe Füllen für dich behalten kannst. Ich werde mich in ein schönes Pferd verwandeln und während die Prinzessin mit dem Füllen hier an der Küste bleibt, nimmst du mich zu den Großen Frauen und gibst vor, du hättest das gelbe Füllen bei dir. Ich werde dann schon sehen, wie ich meinen Kopf aus der Schlinge ziehe.«

So geschah es. Ian bekam das Weiße Schwert des Lichts und ließ den Fuchs, der sich in ein Pferd verwandelt hatte, bei den drei Großen Frauen zurück.

Die drei Großen Frauen waren begierig, sogleich auf dem neuen Pferd einen Ritt zu versuchen, und weil keine von ihnen die andere zuerst reiten lassen wollte, stiegen sie schließlich alle drei auf den Rücken des Tieres. Eine stand auf der Schulter der anderen. Kaum spürte der Fuchs etwas Schweres auf seinem Rücken, da fing er an zu galoppieren, und er preschte bis zum Rand einer hohen Klippe.

Dort stemmte er seine Hufe in den Torfboden, beugte seinen Kopf, so dass alle drei Frauen, die Große, die Hässliche und die Schwarze, vornüber hinab in die See stürzten, wo sie noch bis zum heutigen Tag liegen.

Darauf nahm er wieder seine wahre Gestalt an und trabte eilig zu Ian, der Prinzessin und dem gelben Füllen, die schon auf ihn warteten.

Der Fuchs wurde wieder zu einem Boot mit rotbraunen Segeln und trug sie über das Meer, zurück in das Land, in das Ian Direach zuerst gekommen war.

»Und nun ist unsere Seefahrt vorbei«, sagte der Fuchs, »jetzt werde ich dir erklären, wie du auch den Riesen mit den fünf Köpfen, den fünf Buckeln und den fünf Warzen überlisten kannst, um das Weiße Schwert des Lichts für dich zu behalten. Ich werde mich in diese Waffe verwandeln und du wirst das Schwert dem Riesen bringen und dafür den blauen Falken bekommen.«

So geschah es. Der Riese erhielt statt des echten Weißen Schwertes des Lichts jene Waffe, in die sich der Fuchs verwandelt hatte, und der Riese gab Ian dafür in einem Weidenkorb den blauen Falken. Darauf ging Ian wieder zur Küste, wo die Prinzessin auf ihn wartete.

Und als er das blaue Gefieder des Vogels durch das Flechtwerk des Korbes sah, kam Freude in sein Herz, dass es ihm endlich gelungen war, den herrlichen Vogel nach so vielen Abenteuern an sich zu bringen. Der Riese wollte daheim sogleich das neue Schwert ausprobieren. Er fuchtelte damit herum, bis es dem Fuchs zu viel wurde, er sich wand und bog, dann herabstürzte und dem Riesen seine fünf Köpfe abhieb. Dann warf er seine Verkleidung ab und rannte zu Ian und der Prinzessin.

»Jetzt«, sprach der Fuchs, »sind deine Abenteuer fast zu Ende. Nun müssen wir nur noch den bösen Zauber deiner Stiefmutter überwinden. Und dies wird so geschehen: Du sollst auf dem gelben Füllen reiten und die Prinzessin hinten aufsitzen lassen. In der rechten Hand sollst du das Weiße Schwert des Lichts halten und zwar so, dass die flache Seite der Klinge deine Nase berührt, während der Falke auf deiner Schulter sitzen muss. So musst du heimreisen. Du wirst deiner Stiefmutter auf der Straße begegnen. Sie wird dich anschauen und versuchen, dich in eine Made zu verwandeln, aber der Glanz des Schwertes wird dich gegen ihren Zauber schützen.«

Ian tat wie ihm der Fuchs geheißen. Und nachdem er über mehr Berge und Täler geritten war, als je irgendein anderer Mann vor ihm gesehen hatte, kam er in die Nähe von dem Schloss seines Vaters.

Die Königin aber schaute aus ihrem Fenster, als Ian über einen Hügel ritt. Sie eilte ans Tor und als er herankam, warf sie ihm einen tödlichen Blick zu. Hätte er nicht das Schwert vor sich gehabt, um den Zauber abzuhalten, er wäre vom Pferd gesunken. So aber fiel der böse Zauber, abgelenkt durch das Zauberschwert, auf die Königin selbst zurück. Sie fiel zu Boden und wurde zu einer Made an einem Stück Holz.

Stolz betrat Ian das Schloss seines Vaters. Er führte die Prinzessin an der Hand. Als der König von den Abenteuern seines Sohnes hörte, richtete er eine herrliche Hochzeit aus und befahl, alles Holz, was am Schlosstor lag, auf der Stelle zu verbrennen. So hatte Ian Direach sein Glück gemacht. Er hatte die schönste Frau auf der Welt zum Weibe, in seinem Stall stand das gelbe Füllen, das schnellste Pferd, das je gelebt hat, das sogar den Wind hinter sich lassen konnte, und daheim an der Wand seines Saales hing das Weiße Schwert des Lichts, das unüberwindbar war, für die Jagd aber besaß er den blauen Falken.

Ian vergaß seinen alten Freund, den Fuchs, nicht. Er befahl, dass in seinem Reich nie ein Fuchs gejagt oder behelligt werden dürfe. Als sich aber Ian und der Fuchs wieder einmal trafen, sagte das Tier: »Mach dir keine Sorgen um mich und meinesgleichen. Wir kommen schon allein zurecht.«

Und fort war er, den Hang des Berges hinauf, und eine Weile sah man noch seinen roten Schwanz.

Geschichte aus den Highlands

Das Königreich in den Grünen Bergen

Es waren einmal drei Soldaten, die kamen miteinander überein zu desertieren. Sie sprachen zueinander: »Wir drei werden uns nicht zusammen in die Büsche schlagen. Wir nehmen verschiedene Wege. Und vielleicht treffen wir uns ja dennoch irgendwann wieder.« Einer von ihnen war ein Korporal, einer ein Sergeant und einer ein einfacher Schütze. Also trennten sie sich und jeder ging seines Weges.

Am Abend des zweiten Tages kam der Sergeant an einen großen herrlichen Palast und er war hungrig und müde. Er sprach an der äußeren Tür vor und fragte, ob er wohl bleiben dürfe. Eine junge Frau kam heraus und sagte, ja, das dürfe er, denn Soldaten und Matrosen stünden in dem Ruf, gute Geschichten erzählen zu können. Sie führte ihn hinein und sagte zu ihm: »Dein Essen kommt sogleich, ich weiß, dass du hungrig und durstig bist.«

Es begann dunkel zu werden und das Essen kam und es bestand aus vielen verschiedenen Speisen. Die junge Frau aber sagte zu ihm: »Sieh es uns nach, dass wir beim Essen kein Licht hier haben. Mach einfach an der Schüssel des Gerichts, das dir am besten geschmeckt hat, ein Zeichen.«

»Ho«, sprach der Soldaten, »wenn das hier so üblich ist, will ich mich daran halten und tun, wie du gesagt hast.«

Als er nun die Schüssel bezeichnet hatte, stampfte sie mit dem Fuß auf und zwei Diener kamen und sie sprach zu ihnen: »Nehmt diesen Schurken und werft ihn ins Gefängnis.« So geschah es und im Kerker bekam er nur Wasser und Brot.

Tags darauf kam der Korporal zu dem Palast und fragte, ob er über Nacht bleiben dürfe. Wieder erschien die Frau und sagt zu ihm das, was sie schon zu seinem Kameraden gesagt hatte.

Die Dunkelheit brach herein, das Essen wurde ihm gebracht. Die Frau kam mit einer Kerze und sprach: »Es ist bei uns Sitte, beim Essen kein Licht zu machen. Bezeichne die Schüssel mit dem Gericht, das dir besonders gut geschmeckt hat.«

Das tat er, nachdem die Frau die Kerze gelöscht hatte, sie rief wieder zwei Diener und befahl ihnen, den Korporal in den Kerker zu werfen.

Am Tag darauf kam der Schütze, fragte, ob er über Nacht bleiben dürfe und die junge Frau sagte zu ihm all das, was sie schon zu den beiden anderen gesagt hatte.

Das Essen wurde ihm gebracht, sie erklärte ihm, dass es Sitte sei, im Dunkeln zu speisen. Aber als sie die Kerze gelöscht hatte, sprang er auf, legte seine Hände um sie und küsste sie. Und dann fuhren seine Hände unter ihre Bluse und danach unter ihren Rock. Sie wehrte sich ein wenig, aber nicht zu heftig und er merkte schon, dass es ihr eigentlich gefiel. Darauf sagte er: »Das Essen war gut, aber das hier macht mehr Spaß!«

»Gut«, sagte sie, »für mich war es auch ein Vergnügen. Und auf einen, der da nicht lange fragt, habe ich schon lange gewartet. Willst du mich heiraten?«

»Das will ich gern«, sagte er.

»Nun«, sprach sie. »Ich bin die Tochter des Königs vom Grünen Gebirge. Ich hatte nie das Verlangen, einen König oder Ritter zu heiraten, sondern wollte immer einen einfachen Burschen zum Mann, einen, der sich recht auf das Lieben versteht.«

Darauf setzten sie einen Tag für ihre Hochzeit fest.

Als nun die Schlafenszeit kam, brachte sie ihn in ein Zimmer und wünschte ihm eine gute Nacht. »Ich würde ja gern bei dir bleiben«, fügte sie hinzu, »aber dann gäbe es Gerede. Und dass wir zueinander passen, haben wir ja schon vorhin erprobt.«

Am Morgen kam sie wieder und brachte ihm das Frühstück ans Bett und daran konnte ja niemand Anstoß nehmen. Aber nachdem er gegessen und getrunken und das Tablett auf den Nachttisch gestellt hatte, geriet seine Hand an ihren Busen und die ihre schlüpfte unter die Decke, wo sich bereits, was ihr nicht entgangen, etwas zu rühren begonnen hatte. Nun, so erprobten sie also noch einmal, ob sie auch recht zueinander passten und fanden, dass dies auch zur Morgenstunde der Fall war. Als ihr Liebesvergnügen vorbei war, zog sie einen goldenen Beutel aus einer Tasche an ihrem Kleid und gab ihm Geld, damit er sich einen neuen Anzug machen lassen konnte. Er ging zum Schneider und der sagte, wenn er warten wollte, könne er das neue Gewand gleich mitnehmen. Und als es fertig war, saß es gut.

Darauf wollte der Soldat in das Zimmer zurückkehren. Die Mutter des Schneiders aber sprach zu ihrem Sohn: »Geh mit ihm und wenn ihn der Durst überkommt, gib ihm diesen Apfel, dann wird er einschlafen.«

Sie gingen also los und unterwegs wurde der Soldat tatsächlich sehr durstig. Der Schneider gab ihm den Apfel, der Soldat aß davon und schlief ein. Dann kam die Braut mit einer Kutsche und fragte den Schneider: »Schläft der Bursche? Wenn ja, weck ihn auf!«

Der Schneider tat sein Bestes, aber er konnte den Soldaten nicht wecken. Dann zog die junge Frau einen Ring hervor und trug dem Schneider auf, ihn dem Soldaten zu geben, wenn er aufwachte. Außerdem sollte er ihm ausrichten, sie werde am nächsten Tag zurückkommen. Sie ging fort. Die beiden Männer aber gingen zu des Schneiders Haus und der Soldat blieb dort über Nacht.

Am Morgen gab der Schneider dem Soldaten den Ring.

Als sie dann zum Rendezvous wieder aufbrachen, gab die Mutter des Schneiders ihnen einen Pfirsich gegen den Durst mit. Und als die Prinzessin kam, war der Soldat wieder tief eingeschlafen und der Schneider vermochte nicht, ihn zu wecken.

Diesmal gab die Prinzessin dem Schneider ein Federmesser und hieß es dem Soldaten geben.

Der Soldat übernachtete wieder bei dem Schneider und als er diesmal mit diesem zum Rendezvous ging, gab dem Schneider dessen Mutter eine Stecknadel mit, die musste der Sohn dem Soldaten heimlich in den Anzug stecken und abermals wurde der Soldat schrecklich müde. Er schlief immer noch und war nicht aufzuwecken, als die Prinzessin kam. Wieder konnte der Schneider ihn nicht wecken. Die Prinzessin aber befahl ihren zwei Dienern, die sie mit hatte, den Soldaten in die Kutsche zu tragen. Aber er war so schwer, dass sie es nicht schafften. Sie hinterließ beim Schneider eine goldene Nadel für den Soldaten. Und kaum war sie fort, da zog dieser die Nadel, die ihm die Mutter gegeben hatte, aus dem Gewand des Soldaten, und er erwachte. Der Schneider sagte zu ihm: »Hier ist eine goldene Nadel, die hat die Frau hinterlassen, damit Ihr Euch an sie erinnert. Ihr werdet sie wohl nicht mehr zu Gesicht bekommen. Kommt dennoch mit mir heim.«

»So wird es wohl sein«, sagte der Soldat, »ich wünschte, ich wäre nicht so oft mit Euch gegangen. Jetzt will ich meiner eigenen Wege gehen. Auf Wiedersehen.«

Darauf trennten sie sich.

Lange Zeit wanderte der Soldat umher und immer wieder fragte er unterwegs nach dem Königreich vom Grünen Gebirge. Niemand hatte je etwas davon gehört. Manchmal lachten ihn die Leute auch aus, als er sie nach diesem Land fragte.

Schließlich kam der Soldat an das Haus eines alten Mannes und auch ihn fragte er nach dem Königreich vom Grünen Gebirge. Der Alte erwiderte, er selbst habe in seiner Lebzeit nie von einem solchen Land gehört, aber vielleicht wisse sein Vater etwas darüber. Als der Vater kam, verwies dieser den Soldaten an seinen Vater und so ging es immer weiter, bis der Soldat schon nahezu den Mut aufgegeben hatte.

Dieser Älteste in der Familie, also der Ur-Urgroßvater, lebte tatsächlich auch noch, was freilich nur möglich ist, weil dies ein Märchen ist und die Geschichte weitergehen muss. Er war ein Vogelfänger. Auch er hatte von einem solchen Reich nie etwas gehört. Aber er schlug vor, am nächsten Morgen die Vögel mit seiner Pfeife anzulocken und sie danach zu fragen. Da war nun ein großer Adler, der viel später als die anderen eintraf, und als der Vogelfänger ihn deswegen tadelte, erwiderte er: »Ich habe es aber auch sehr weit gehabt. Ich bin heute vom Königreich des Grünen Gebirges hierher geflogen.«

»Nun«, sprach der Vogelfänger, »hier ist jemand, den musst du unbedingt dorthin bringen.«

»Gern«, erwiderte der Adler. »Sofern ich genügend zu fressen bekomme.«

»Das ist kein Problem«, meinte der Vogelfänger und gab ihm ein Stück Fleisch mit.

Darauf ließ der Adler den Soldaten auf seinen Rücken steigen und fort ging's.

Unterwegs kam es dahin, dass der Adler alles Fleisch, das der Vogelfänger ihm mitgeben hatte, schon aufgefressen hatte. Und wenn der Soldat sicher in das Königreich der Grünen Berge kommen wollte, musste er dem Vogel erlauben, Fleisch aus seiner Hüfte zu fressen. Als er sich so gesättigt hatte, sagte der Vogel: »Nun bin ich stärker als jeder. Jetzt kann ich dich bis an dein Ziel tragen.«

Als der Soldat endlich wieder auf festem Boden stand, fand er dort ein totes Pferd. Der Adler bat ihn, ihm ein Viertel davon auf den Rücken zu packen, darauf flog der Adler wieder davon.

Der Soldat war übel dran. Die Wunde in der Hüfte machte ihm schwer zu schaffen. Er schleppte sich bis zu einem Haus und die Gärtnersfrau dort pflegte ihn, bis er wieder ganz gesund war. Er blieb dort und arbeitete bei dem Gärtnerehepaar. Aber dann kam die Nachricht, die Tochter des Königs werde heiraten.

»Ach wie schade, dass ich sie nicht sehen kann«, sagte der Soldat.

»Ihr werdet sie sehen«, meinte die Gärtnersfrau, »ich habe einen Plan.«

Sie kleidete ihn schön und schickte ihn mit einem Korb Äpfel los und ehe er fortging, schärfte sie ihm ein: »Denkt dran, Ihr müsst sie ihr selbst in die Hand geben.«

Er kam also zum Schloss und dort sagt er, er habe vom Gärtner Äpfel für die Königstochter, müsse sie ihr aber selbst abgeben. Also gelangte er bis zu ihr, gab ihr den Korb und sie füllte ein Glas mit Wein für ihn.

»Verzeiht«, sagte er, »aber in dem Land, aus dem ich komme, ist es üblich, dass die Person, die ausschenkt, erst einmal kostet.«

Also trank sie ihm zu und füllte dann sein Glas und nun warf er den Ring, den sie ihm gegeben hatte, in ihr Glas. Als sie ihn herausnahm und ansah, stellte sie erstaunt fest, dass er ihren Namen trug.

»Wo hast du diesen Ring gefunden?«, fragte sie ihn.

»Erinnert Ihr Euch an den Soldaten, den Ihr zum Schneider schicktet, um ihm neue Kleider anpassen zu lassen?«

»Oh doch«, erwiderte sie, »aber hast du noch ein Beweisstück, dass du dieser Soldat bist?«

»Oh gewiss doch«, sagte er und wies ihr das Federmesser vor.

»Und was hättest du noch als Beweis?«

»Ich habe«, sagte er, »da noch eine goldene Nadel.«

»Ich sehe«, sagte sie, »du sprichst die Wahrheit.«

Sie umarmte ihn und gleich darauf taten sie abermals das, woran sie schon das erste Mal ihre Freude gehabt hatten.

Dann schickte sie den Mann, den sie hatte heiraten wollen, fort und setzte mit dem Soldaten einen Termin für die Hochzeit fest und diesmal fand die Hochzeit auch tatsächlich statt.

Nach dem Fest führte ihn die Königstocher zu den beiden Männern, die sie in Gefangenschaft hielt, und er erkannte in ihnen seine Kameraden. Er erbat für sie die Freiheit, ließ ihnen einen Beutel mit Goldstücken geben und sie gingen froh von dannen. Und wenn die Königstochter und er nun selbst auch viele Kisten voller Goldstücke besaßen, waren sie doch am meisten über etwas ganz anderes froh, was sich nicht für Gold erkaufen lässt.

Geschichte aus den Highlands

Das Schiff, das nach Amerika fuhr

Es war einmal ein Schiff, das nach Amerika fuhr, und an Bord waren viele Leute, die in die Neue Welt auswanderten. Nun geschah es, dass sie sich dem Land näherten in einer Gegend, in der es viele Inseln und Schären gab, und alle ertranken, außer einem Mann und seiner Frau. Die beiden konnten sich auf Schiffstrümmern treibend an Land retten. Segel und Seile vom Schiff wurden angeschwemmt und daraus errichteten sie das Zelt. Auch etwas Proviant aus dem Schiff konnten sie bergen, Zwieback und Fleisch. Auch einige Bücher hatten sie vom Schiff mitgebracht. Doch nach einiger Zeit, als sie da an der Küste hausten, gerieten sie in Not.

Eines Tages nun ging der Mann aus, um zu schauen, ob er irgendwo auf Häuser stoßen werde, und er sagte seiner Frau, sie solle keine Angst haben. Er brach auf und kam durch einen Wald. Er brach etwas Borke von den Bäumen ab, als er hindurchging. Aber schließlich verirrte er sich. Er traf auf keinen Menschen und sah keine Behausung. In beträchtlicher Entfernung von ihm erhob sich ein Gebirge und er beschloss, es zu besteigen. Er erreichte die Höhe müde und hungrig. Unterdessen war ein guter Teil des Tages vergangen und er war hungrig und müde geworden. Immer noch sah er keine Menschenseele, soweit er blicken konnte. Er bekam solche Angst, dass er gewünscht hätte, nie von dem Zelt am Strand fortgegangen zu sein.

Als er auf der anderen Seite des Gebirges hinabsah, meinte er im Tal eine Hütte zu erkennen und machte sich dorthin auf. Er erreichte das Gebäude und drinnen betrat er einen Raum, in dem war der Tisch mit einem weißen Tischtuch bedeckt und eine Flasche Wein und ein Laib Brot standen bereit. Er aß und trank ein wenig und plötzlich erschien ein alter grauer Mann und sprach zu ihm: »Was hast du zu sagen, Fremder? Was in aller Welt hat dich hierher geführt?«

Er erzählte dem Mann von seinem Unglück und meinte dann: »Ich hoffe, Ihr nehmt es mir nicht übel, dass ich den Wein und das Brot angerührt habe, aber ich war sehr hungrig.«

»Kein Problem«, sagte der Alte, »nimm, soviel Du willst, es ist für solche wie dich. Bist du verheiratet?«

»Das bin ich.«

»Und hast du Familie?«

»Das nicht. Wir bekamen nie Kinder.«

Der alte Mann sagte darauf: »Der Tag ist nun herum und es bleibt für dich keine Zeit, noch heimzugehen. Bleib hier, ich werde dir zu essen und ein Lager für die Nacht geben.«

Also verbrachte er die Nacht bei dem Alten. Beide standen am Morgen auf und der alte Mann machte Frühstück für beide und hieß ihn, es sich schmecken zu lassen von dem Wein und dem Brot, die er hingestellt hatte.

Als er dann aufbrach, fragte ihn der alte Mann:

»Was gibst du mir für das Tischtuch? Jedes Mal, wenn du es ausbreitest, bekommst du eine Flasche Wein und einen Laib Brot und zwei andere Lebensmittel. Aber jetzt beeil dich, dass du heimkommst, denn deine Frau macht sich schon um dich Sorgen.«

»Großartig. Aber ich kann Euch nichts dafür geben.«

»Nun«, erwiderte der Alte, »gib mir das erste Wesen, Mensch oder Tier, das bei euch geboren wird.«

Nun, der Mann dachte daran, dass sie bisher keine Kinder bekommen hatten, und ließ sich auf diesen Handel ein.

Der alte Mann aber sagte: »Was immer es sein wird, komm damit nach sieben Jahren von heute ab wieder her.«

Er kehrte also zu dem Zelt und zu seiner Frau zurück und natürlich freute sich seine Frau sehr, als sie hörte, was es mit dem Tischtuch auf sich habe.

Nun litten sie keine Not mehr und die Zeit verging, bis schließlich die Frau einen Sohn gebar, der wurde John genannt. Als er vier oder fünf Jahre alt war, begann der Vater ihn zu unterrichten. Dann war die Frist der sieben Jahre herum und der Mann sagte zu seiner Frau: »Nun gehe ich und bringe den Jungen zu dem Alten, denn so war es ja versprochen.«

Die Frau begann zu weinen und zu klagen und drängte ihn, nach einem Ausweg zu suchen.

»Nichts da«, sagte er, »ich habe es versprochen und es muss sein!«

Und damit ging er mit dem Jungen fort. Als sie zu der Hütte am Fuße des Gebirges kamen, war da alles so wie beim ersten Besuch.

Der Alte kam und sprach:

»Du bist also gekommen wie versprochen.«

»Oh ja«, sagte der Mann.

»Gut«, sagte der Alte, »ich habe dich heute erwartet, denn wärst du nicht gekommen, hätte ich dich geholt. Wie heißt der Junge mit Taufnamen, der bei dir ist?«

»John«, sagte der Vater.

»Möge er sich seines Namens erfreuen. Es ist ein guter Name. Hat er Bildung?«

»Nur das Wenige, was ich ihm beigebracht habe.«

Der alte Mann sagte: »Bei mir soll er alles lernen, was es zu lernen gibt. Ich werde ihn behandeln, als ob er mein eigener Sohn wäre. Vielleicht werde ich einen wohlhabenden Mann aus ihm machen.«

Der Vater ging heim und da seine Frau jammerte, dass er ohne den Sohn kam, tröstete er sie damit, dass sie durch ihn vielleicht einmal reich werden würden.

Der Junge aber wuchs zu einem großen, hübschen Jüngling heran und der Alte brachte ihm vielerlei bei. Als er über zwanzig war, sagte der graue alte Mann zu ihm:

»Heute steigen du und ich auf den Kamm des Gebirges. Wenn du aus der Tür trittst, schau dich um. Du wirst dort ein Zaumzeug finden, schüttle es und ich werde mich dann in ein Pferd verwandeln und du kannst auf meinen Rücken steigen.«

John tat wie ihm geheißen und tatsächlich verwandelte sich der alte Mann in ein Pferd. John stieg auf und fort ging es mit geradezu schrecklicher Geschwindigkeit.

Weicher oder harter Boden waren gleich für das Pferd. Sie kamen am Meer an ein Vorgebirge und der Alte sprach zu John: »Jetzt steig ab, John.«

John gehorchte und der Alte sprach weiter: »Geh dort in diese Höhle. Du wirst auf drei Riesen treffen, die fast vor Hunger sterben. Greif in mein Ohr, dort findest du eine Flasche Wein und drei Brote, teile den Inhalt der Flasche unter den dreien auf. Wenn sie dann satt geworden sind, sage zu ihnen, du hofftest, sie würden sich an dich erinnern.«

So geschah es und als der Junge sagte, sie sollten sich an ihn erinnern, sagten sie: »Vielleicht!«

Als er dann zu dem Pferd zurückkam, fragte es: »Hast du getan, was ich dir gesagt habe?«

»Oh ja«, sagte John.

»Steig auf meinen Rücken, John.«

Nun kamen sie an einen weiten Strand und das Pferd hieß John absteigen und sagte:

»Auf dem Sand wirst du einen Fisch finden, trag ihn ins Wasser und danach sag zu dem Fisch, er solle sich an dich erinnern.«

So geschah es und als John zum Pferd zurückkam, trug dieses ihn zu einem großen Schloss.

»Steig von meinem Rücken«, befahl es John, »geh hinein und du wirst auf Räume voll mit Gold und Silber stoßen. Hüte dich, es zu berühren.«

Auch diesmal verhielt er sich genauso, wie das Pferd John gesagt hatte. Er berührte auch nicht das Gold und nicht das

Silber, aber als er aus dem Schloss ging, sah er ein großes Bündel Gänsefedern und nahm eine davon mit. Als er zurückkam, fragte das Pferd:

»Hast du auch wirklich nichts angerührt?«

»Nichts«, sagte John.

»Steig wieder auf meinen Rücken!«

Und fort ging's. Und diesmal kamen sie zum Königsschloss. John ging hin und bewarb sich als Schreibergehilfe. Fortan arbeitete er unter dem Oberschreiber. Die Federn, die man ihm gab, gefielen ihm nicht. Also schnitt er sich aus der Gänsefeder eine Schreibfeder und mit der vermochte er so schön zu schreiben wie sonst kein anderer Mensch auf der Welt. Seine schöne Schrift fiel schließlich dem König auf. Der ließ ihn rufen und fragte: »Woher hast du die Feder, mit der du so schön schreibst?«

»Aus einem Schloss ganz und gar aus Messing«, antwortete der Junge.

»Dann geh und bring mir die Dame aus diesem Schloss her. Ich will sie heiraten.«

»Das kann ich nicht.«

»Nun ja«, sagte der König, »dann werde ich dich hängen lassen.«

John ging in sein Zimmer und weinte. Dann aber sprach er: »Jetzt könnte ich gut den Rat des alten Mannes gebrauchen.«

Auf der Stelle stand dieser vor ihm: »Was ist denn los?«, fragte er.

Der Junge berichtete ihm, was der König von ihm verlangt hatte.

»Ich möchte wetten«, sagte der Alte, »du hast in diesem Schloss etwas angerührt.«

»Nun ja«, sagte der Junge, »eine Gänsefeder habe ich mitgehen lassen. Daraus habe ich mir eine Schreibfeder geschnitten und daraus hat sich alles ergeben.«

»Das ist schlecht für dich«, sagte der Alte, der wieder ein Pferd geworden war. »Hab ich dir nicht gesagt, du sollst nichts anrühren? Nun haben wir die Bescherung. Aber komm, steig auf meinen Rücken. Jetzt müssen wir wieder dorthin.«

Als sie nun wieder am Strand angekommen waren, gab das Pferd dem Jungen einen Stock und hieß ihn, es damit zu berühren und weiter sprach es: »Danach werde ich ein Schiff werden. Du fährst damit zum Messingschloss. Eine schöne Frau wird aus dem Fenster schauen. Sie wird dich fragen, woher du kommst. Sag, du kämest aus Indien. Sie wird dich weiter fragen, was für eine Ladung das Schiff an Bord habe. Sag ihr, es habe Seide, und wenn sie dir sagt, sie wolle Seide für ein Kleid kaufen, heiße sie an Bord zu kommen und die Qualität auszusuchen, die ihr gefalle.«

Diesmal hielt sich der Junge genau an das, was das Pferd ihm geraten hatte.

Tatsächlich hatte die Frau kaum das Schiff betreten, da flog es schon hinaus auf See und als die Frau merkte, dass sie entführt wurde, warf sie die Schlüssel zu dem Messingschloss ins Meer und sagte: »Nun kann es niemand betreten.«

Der Junge steuerte das Schiff wieder zurück an den Strand und dort verwandelte er es durch Berührung mit dem Stock wieder in ein Pferd. Er hieß die Frau aufsteigen und führte sie in das Schloss vor den König und erklärte ihr, dieser würde sie gern heiraten.

»Gut«, sagte sie, »aber eine Bedingung stelle ich. Ich will hier neben deinem Schloss mein Schloss stehen haben.«

Da hieß der König den Jungen, das zu bewerkstelligen, und wenn es ihm nicht gelinge, werde er ihn hängen lassen. Der Junge suchte wieder den Rat des Pferdes und das sprach: »Du musst abermals etwas berührt haben, sonst hätte der König dies nicht von dir verlangen können. Aber was hilft es. Wir werden das schon wieder in Ordnung bringen. Steig auf meinen Rücken.«

Und fort ging's. Erst brachte ihn das Pferd zu der Höhle mit den drei Riesen.

»Erinnert ihr euch noch daran, wie hungrig ihr gewesen seid und dass ich euch Brot und Wein gebracht habe? Jetzt brauche ich eure Hilfe, um das Messingschloss zum Schloss des Königs zu schaffen.«

»Vielleicht«, sagte der Oberriese zu dem Jungen und er lief zum Pferd und erzählte es ihm.

»Ich hatte gehofft, er werde es fest versprechen«, sagte das Pferd, »aber steig auf meinen Rücken.«

Sie kehrten zurück zum Palast des Königs und daneben stand tatsächlich das Messingschloss.

»Hurra«, sagte der König, »nun wird geheiratet!«

»Nichts da«, sagte die Frau, »erst müssen die Schlüssel her, die ich ins Meer geworfen habe.«

Der König sagte: »Das wird John erledigen.«

»Das kommt alles nur daher, weil du im Schloss damals etwas berührt hast«, erklärte ihm das Pferd. »Aber was hilft es. Steig auf meinen Rücken. Wir werden auch das noch fertig bringen!«

John tat wie ihm geheißen, sie brachen auf und erreichten den Strand, an dem John den Fisch wieder ins Wasser gesetzt hatte, und der alte Mann sagte zu ihm: »Nun ruf den König der Fische und sprich zu ihm: ›Erinnerst du dich noch daran, wie du bei ablaufender Flut auf Land festsaßest und ich dich wieder ins Wasser gebracht habe?‹ Der Fisch wird sagen: ›Ich glaube ja. Um was geht es denn?‹ Dann bittest du ihn um die Schlüssel, die die Dame aus dem Messingschloss ins Meer geworfen hat.«

So geschah es und der Fisch schwamm los, um die Schlüssel zu suchen. Nach einer Weile kam er zurück und sagte, er habe sie gefunden und gab sie dem Jungen.

Fort ritt der zum Schloss des Königs. Aber als er sie abgeliefert hatte, sagte die Frau zum König: »Ehe ich dich heirate, habe ich noch einen Wunsch, den du mir erfüllen musst. Ich möchte, dass du mir drei Flaschen Wasser von der Quelle der Tugend besorgst.«

»Ich selbst kann das nicht«, sagte der König. »Wir werden John schicken.«

Wieder war der Junge in arger Verlegenheit, aber dann kam das Pferd, in das der alte Mann verwandelt war, und hörte sich an, um was es nun wieder ging. Er sagte:

»Das ist keine Kleinigkeit. Aber steig auf meinen Rücken. Wollen sehen, was sich tun lässt.«

Sie ritten eine lange Strecke. Dann hielt das Pferd an und sagte: »Nimm diesen Stein dort. Schlag mich damit aufs Ohr. Ich kann nicht weiter. Du musst mich jetzt töten. Darauf schneide mir den Bauch auf und verbirg dich darin. Etwas von meinen Gedärmen leg neben den Kadaver. Fünf Raben werden kommen und davon fressen. Dann streck deine Hand aus und fang zwei von ihnen. Die anderen werden zu dir sagen: ›Lass unsere Brüder frei.‹ Sprich zu ihnen: ›Nur, wenn ihr mir fünf Flaschen Wasser von der Quelle der Tugend holt.‹ Aber pass auf, dass sie dir dabei keinen Streich spielen. Wenn du die Flaschen hast, gieße ein paar Tropfen von dem Wasser über mich aus. Ich werde mich nicht rühren. Sag dann, es sei nicht das rechte Wasser, ehe das nicht zur Stelle sei, würdest du ihre beiden Kameraden nicht frei lassen.«

Alles trug sich so zu, wie der alte Mann in Gestalt des Pferdes gesagt hatte, und zweimal schickte der Junge die Raben wieder fort, ohne die beiden gefangenen Vögel frei zu lassen. Und erst als er fünf Flaschen von dem Zauberwasser hatte, gab er seine Gefangenen frei und kehrte mit dem Pferd zum Schloss des Königs zurück.

Das Pferd aber sprach unterwegs zu ihm: »Drei Flaschen kannst du dem König geben, zwei aber behalte und wenn du in Schwierigkeiten gerätst, dann denk an mich.«

Also gab der Junge dem König die drei Flaschen und der überreichte sie der Frau.

Die Königin aus dem Messingschloss befahl, ihr einen Kessel zu bringen. Darauf zog sie sich in ihr Zimmer zurück und wusch sich von Kopf bis Fuß mit dem Wasser aus den drei Flaschen. John schaute durchs Schlüsselloch und er hörte sie sagen, sie werde nie einen Mann heiraten, der nicht zuvor mit ihr im Kessel gebadet habe. Sie ließ den König rufen, der stieg zu ihr in den Kessel und im Nu war er ein toter Mann.

John dachte an das Pferd und es kam und er fragte es, was er nun tun solle.

»Reib dich mit dem Wasser aus den beiden Flaschen ein, die du behalten hast. Und dann steig zu ihr in den Kessel. Du wirst es dort so lange aushalten können, wie du willst, und das wird die Königin veranlassen, dich zu heiraten.«

So geschah es und tatsächlich sagte die Frau am Ende zu John: »Dich will ich heiraten.« Darauf umarmte er sie und küsste sie und was dann noch geschah, könnt ihr euch vorstellen, ich muss keine langen Worte darüber verlieren, weil es bei allen so geht, die entschlossen sind, einander zu heiraten. Ich kann euch aber versichern, dass sie beide das Spiel des Tieres mit den zwei Rücken, das da gespielt wurde, recht angenehm fanden und beschlossen, es hinfort möglichst oft zu spielen. Darauf waren sie König und Königin in dem Schloss. Der alte Mann verabschiedete sich von John und sprach: »Ich habe getan, was ich versprochen habe, nämlich dich zu einem wohlhabenden und glücklichen Mann zu machen.«

Und John und die Frau, ja, die leben noch immer, wenn sie nicht gestorben sind und haben ihren Spaß an dem Spiel, das man das Tier mit den zwei Rücken oder den munteren Reitersmann nennt, der vergnügt eine schnelle Gangart reitet, ehe er abgeworfen wird.

Geschichte aus den Highlands

Der junge König
von Easaidh Ruadh

Nachdem der junge König von Easaidh Ruadh auf den Thron gekommen war, führte er ein lustiges Leben. Er tat, was ihm in den Sinn kam und was ihm gefiel. Es gab da aber einen Gruagach[6] nahe bei seinem Palast, der wurde der braune Langhaarige mit den Locken genannt. Dem König kam es in den Sinn, ein Spiel mit ihm zu machen. Er ging zum Wahrsager und sprach zu ihm: »Ich möchte ein Spiel mit dem Gruagach carsalach dom machen.«

»Aha«, rief der Wahrsager, »bist du so einer? Etwas Törichteres konnte dir wohl nicht einfallen. Am besten wäre es, du würdest gar nicht hingehen.«

»Ich geh aber«, sagte der junge König.

»Dann gebe ich dir folgenden Rat: Versuche das Mädchen mit der rauen Haut zu gewinnen, das der Gruagach gefangen hält.«

Der junge König legte sich also am Abend schlafen und früh am Morgen wachte er auf, um das Spiel gegen den Gruagach zu machen. Er kam zu dem Gruagach, grüßte ihn und der Gruagach grüßte ihn. Darauf sprach der Gruagach zu ihm: »Nun, junger König von Easaidh Ruadh, was treibt dich her? Willst du mit mir spielen?«

Sie spielten und der König gewann.

»Nun nenn mir das, was du haben willst, da du gewonnen hast«, sagte der Gruagach.

»Ich will das Mädchen mit der rauen Haut, das du in deinem Haus gefangen hältst.«

---

6 Der Gruagach ist ein Ungetüm, meist ist es weiblich. In diesem Märchen aber scheint es männlich zu sein.

»Ich habe viele noch viel schönere Frauen in meinem Haus außer ihr«, erwiderte der Gruagach.

»Und ich will keine andere, ich will diese«, sagte der König.

»Segen dir und Fluch dem, der dir das verriet«, rief der Gruagach.

Sie gingen nun in das Haus des Gruagach und das Scheusal zeigte dem König zwanzig junge Mädchen. »Triff unter ihnen deine Wahl.«

Eine um die andere kam und sprach: »Ich wäre dir gut. Du wärest schön dumm, wenn du mich nicht nähmst.«

Der Wahrsager aber hatte ihm geraten, erst die Letzte zu nehmen, die herauskäme. Als diese nun erschien, rief der junge König: »Die ist mein!«

Sie ging mit ihm und kaum waren sie ein Stück von der Behausung entfernt, da veränderte sich ihre Gestalt und aus ihr wurde die schönste junge Frau der Welt. Der junge König aber ging heim voller Freude, dass er eine so schöne Frau bekommen hatte.

Er kam zu seinem Palast und legte sich zur Ruhe. Wenn es am ersten Tag schon zeitig gewesen war, als er aufstand, so war es am zweiten Tag noch zeitiger, als sich der König abermals erhob, um mit dem Gruagach ein Spiel zu machen.

»Ich muss unbedingt zu diesem Spiel«, sprach er zu seiner Frau.

»Nun«, sagte sie, »jener Gruagach ist mein Vater. Und wenn du noch einmal mit ihm spielen willst, dann verlange, dass er dir das schäbige Fohlen samt Sattel als Einsatz verspricht.«

Der König ging also, das Scheusal zu treffen, und ihr könnt sicher sein, diesmal fiel die Begrüßung zwischen den beiden nicht so freundlich aus wie beim ersten Mal.

»Nun«, sprach das Scheusal, »wie hat deine junge Braut dir gestern gefallen?«

»Sie hat mir sehr gut gefallen«, erwiderte der König.

»Willst du heute wieder mit mir spielen?«, fragte der Gruagach.

»Deswegen bin ich hier«, sagte der König.

Sie begannen zu spielen und der König gewann.

»Wähl dir deinen Gewinn und sei nur nicht zu bescheiden«, sagte der Gruagach.

»Gut, dann gib mir als Gewinn das schäbige Fohlen mit dem Sattel auf dem Rücken.«

Sie holten das Tier aus dem Stall und der König stieg auf und es war eine rasche Stute, die er da bestieg. Er ritt heim. Seine Frau umarmte ihn und sie waren glücklich in dieser Nacht.

»Ich wünschte«, sprach sie, »du würdest jetzt kein weiteres Spiel mit dem Gruagach machen, denn wenn er nun gewinnt, dann wird er Kummer auf dein Haupt häufen.«

»Ach was«, sagte der König, »Frauen sehen immer schwarz. Ich gehe hin und spiel noch einmal mit ihm.«

Er ging also hin und spielte mit dem Gruagach. Als er ankam, schien das Scheusal ganz außer sich vor Freude. »Du bist tatsächlich gekommen«, sagte er.

»Wie du siehst«, sagte der König.

Sie machten ihr Spiel und zum Fluch für den König gewann diesmal der Gruagach.

»Also wähl dir einen Gewinn«, sprach der junge König von Easaidh Ruadh, »aber lass Nachsicht walten, denn ich besitze keine Schätze wie du.«

»Was ich verlange, ist dies«, sagte der Gruagach. »Sofern du mir nicht das Schwert des Lichts vom König der Eichenfenster herbeischaffst, soll dir das Wesen mit der rauen Haut den Kopf abschlagen.«

Der König ging heim, traurig, niedergeschlagen und mit düsteren Gedanken.

Die junge Königin kam, ihn zu begrüßen, und als sie ihn sah, rief sie: »*Morooai!* Ach du meine Güte. Um dich steht es heute Abend schlecht.«

Ihr Lächeln und ihr Glanz munterten den König etwas auf, aber als er sich auf einen Stuhl setzte, der ihm hingeschoben wurde, war sein Herz so schwer, dass der Stuhl unter ihm zusammenbrach.

»Was hast du denn?«, fragte seine Frau. Da erzählte ihr der König, was da geschehen war.

»Ach«, sagte sie, »was machst du dir Sorgen, du hast die beste Ehefrau in Erinn und das zweitbeste Pferd. Wenn du auf meinen Rat hörst, wird alles ein gutes Ende nehmen.«

Zeitig ging die Sonne auf, noch zeitiger war die Königin auf den Beinen, um alles für die Reise des Königs vorzubereiten. Sie holte das schäbige Fohlen, dem der Sattel auflag, aus dem Stall. Es sah aus, als sei es aus Holz, aber wenn man näher herantrat, funkelte das Fell, als sei es aus Gold und Silber. Der König bestieg das Tier, die Königin küsste ihn und wünschte ihm Sieg auf den Schlachtfeldern.

»Halte dich nur immer an den Rat, den dir das Fohlen geben wird, dann kann dir nichts passieren«, sagte sie.

Also begann er seine Reise und im Sattel, mit dem schäbigen Fohlen zwischen den Schenkeln, fühlte er sich wohl.

Sie holten den Märzwind ein, der vor ihnen wehte, aber der Märzwind konnte sie nicht einholen. Sie gelangten an das Maul der Abenddämmerung und der späten Zeit und schließlich waren sie am Schloss des Königs von den Eichenfenstern. Da sprach das Pferd zum König: »Wir sind am Ziel unserer Reise. Weiter müssen wir nicht. Höre auf meinen Rat und ich werde dich dorthin bringen, wo sich das Schwert des Lichts des Königs der Eichenfenster befindet, und wenn es mit dir geht, ohne dass es ein Geräusch oder einen Laut gibt, ist das ein gutes Omen für unsere Reise. Der König sitzt jetzt zu Tisch und das Schwert des Lichts befindet sich in seiner Kammer. Das Schwert hat an seinem Ende einen Knauf und wenn du es liegen siehst, zieh es leise aus dem Gestell am Fenster.«

Der König kam in die Kammer und trat vor das Gestell. Er griff nach dem Schwert, zog es heraus, aber im letzten Augenblick gab es ein Geräusch.

»Wir müssen rasch von hier fort«, sagte das Pferd. »Wir dürfen jetzt keinen Augenblick länger verweilen. Ich bin sicher, der König hat gemerkt, dass wir das Schwert genommen haben.«

Der junge König ergriff also das Schwert und sie ritten davon. Nach einer Weile sagte das Pferd: »Besser wir halten jetzt erst mal und du siehst dich um.«

»Tatsächlich«, sagte der König, als er Ausschau gehalten hatte, »da kommt eine ganze Schar schwarzer Pferde hinter uns her und eines der Pferde hat eine schwarzweiße Blesse. Darauf sitzt ein Mann, der reitet wie toll.«

»Was Wunder«, sprach das Füllen, »dieses schwarzweiße Pferd ist mein Bruder. Es ist das beste Pferd in Erinn. Es wurde drei Monate länger gesäugt als ich. Nun pass auf: Mach dich bereit. Wenn der Mann, der es reitet, an uns vorbeikommt, wird er dich anschauen und dann kannst du ihm den Kopf abschlagen. Mit keinem anderen Schwert außer mit dem Schwert, das du geraubt hast, ist dies möglich.«

Als der Reiter sie überholte und zu dem jungen König herübersah, schlug der ihm den Kopf ab und das schäbige Füllen fing ihn mit seinen Zähnen auf. Das war der König der Eichenfenster.

»Rasch, spring auf das schwarze Pferd«, rief das Füllen, »lass den Leichnam hier liegen und reite so rasch wie du kannst heim. Ich komme langsam nach.«

Der junge König sprang auf das schwarze Pferd und, *maire!*, ging's auf und davon und ehe der Tag zu Ende ging, war er daheim. Die Königin hatte ihn schon erwartet. Sie riefen Musikanten und die Melodien, die sie spielten, ließen sie ihren Kummer vergessen. Am Morgen sagte der König: »Ich muss heute zum Gruagach gehen und schauen, dass er die Verwünschung, die er über mich gesprochen hat, aufhebt.«

»Pass auf«, sagte die Frau, »diesmal wird es nicht so sein, wie du es gewohnt bist. Er wird ganz wild sein und wütend und dich fragen, ob du das Schwert hast. Und dann wird er wissen wollen, wie du es an dich gebracht hast. Dann musst du sagen: ›Wenn nicht ein Knauf daran gewesen wäre, hätte ich es nicht holen können.‹ Der Gruagach wird sich dann aufrichten, und du wirst sehen, dass er rechts an seinem Hals einen Leberfleck hat. Stich mit dem Schwert geradewegs in den Leberfleck hinein. Wenn dir das nicht gelingt, sind wir beide verloren. Sein Bruder war der König der Eichenfenster. Er weiß, dass sein Bruder sich nie von dem Schwert trennen würde, es sei denn, er wäre ums Leben gekommen. Der Tod der beiden ist in dem Schwert und kein anderes Schwert auf Erden könnte den beiden irgendwelchen Schaden zufügen.«

Die Königin küsste ihn und wünschte ihm Sieg auf den Schlachtfeldern und er machte sich auf den Weg. Er traf den Gruagach am selben Platz wie zuvor an.

»Hast du das Schwert?«

»Ich habe es.«

»Wie hast du es an dich gebracht?«

»Wenn es keinen Knauf hätte, wäre es mir nicht gelungen.«

»Zeig mir das Schwert.«

»Es ist mir nicht erlaubt, es dir zu zeigen.«

»Wie hast du es an dich gebracht?«

»Wenn es am Ende nicht einen Knauf hätte, es wäre mir nicht gelungen.«

Da hob der Gruagach seinen Kopf und der König sah den Leberfleck. Er stieß mit dem Schwert zu, traf auch die bewusste Stelle und der Gruagach fiel tot um.

Der junge König ging nun heim und als er im Schloss ankam, fand er die Wächter und Diener Rücken an Rücken gefesselt, aber seine Frau und seine Pferde waren verschwunden.

Als er die Wächter losband, sagten sie zu ihm: »Ein Riese ist gekommen und hat deine Frau und die beiden Pferde fortgeschleppt.«

»Kein Schlaf soll über meine Augen kommen, noch Ruhe in meinen Schädel, ehe ich nicht meine Frau und die beiden Pferde zurückgebracht habe.«

Indem er dies sagte, brach er sogleich auf. Er fand die Spuren der Pferde und folgte ihnen. Die Abenddämmerung brach an und immer noch hielt er nicht inne, bis er den Rand eines Waldes erreichte. Dort hatte jemand eine Feuerstelle gebaut und er überlegte, dass er ein Feuer anzünden und die Nacht dort verbringen könnte.

Er saß noch nicht lange am Feuer, als ein Hund aus dem Wald gesprungen kam. Er grüßte den Hund und der Hund grüßte ihn.

»Huh, huh«, jaulte der Hund, »Schlimmes ist deiner Frau und den beiden Pferden widerfahren.«

»Genau das ist es, was mich so traurig und elend macht. Ich bin entschlossen, ihre Spuren zu verfolgen«, sagte der König, »aber es gibt keine Hilfe weit und breit.«

»Jedenfalls«, sagte der Hund, »brauchst du etwas zu essen«, und also sprang er in den Wald und trieb ihm Wild zu, das der König erlegen und über dem Feuer braten konnte.

»Ich glaube«, sagte der König, nachdem er gegessen hatte, »dass es wenig Zweck hat, weiter nach dem Riesen zu suchen. Das Beste wird sein, wenn ich wieder nach Hause gehe.«

»Nicht doch«, sprach der Hund, »hab keine Furcht. Es wird sich alles ergeben. Aber erst einmal solltest du schlafen.«

»Wie kann ich schlafen, wenn keiner bei mir wacht«, sagte der König.

»Ich werde dich bewachen«, sagte der Hund.

Da streckte der junge König sich neben dem Feuer aus und schlief ein.

Als es nun Morgen wurde, weckte der Hund den König

und hieß diesen, sich mit einem Stück Fleisch zu stärken und seine Reise fortzusetzen.

»Nun«, sagte der Hund, »wenn du Schwierigkeiten hast, rufe mich, ich werde dann im Augenblick bei dir sein.«

Sie sagten einander Lebewohl und gingen ihrer Wege. Als es Abend wurde, kam der König an den Rand einer hohen Felswand und auch dort stieß er auf eine Feuerstelle. Er sammelte Holz, zündete ein Feuer an und wärmte sich, als sich plötzlich der Falke vom Grauen Fels bei ihm niederließ.

»Huh, huh«, gurrte der Falke, »das ist ja eine schlimme Geschichte mit deiner Frau und den beiden Pferden, die der Riese entführt hat.«

»Da ist keine Hilfe«, sagte der König betrübt.

»Du musst Mut fassen«, sagte der Vogel. »Zunächst einmal brauchst du etwas zu essen.« Er flog davon und kam mit drei Enten und acht Krähen im Schnabel zurück. Die wurden gebraten und verzehrt. Dann sagte der Vogel: »Jetzt musst du schlafen.«

»Wie kann ich schlafen«, sagte der König, »wenn niemand bei mir wacht.«

Die Wache wolle er gern übernehmen, sagte der Vogel. Da streckte sich der König wieder am Feuer aus und schlief ein.

Am Morgen weckte ihn der Vogel. »Wenn du in Schwierigkeiten gerätst«, sprach er, »so lass es mich wissen. Ich komme dir dann auf der Stelle zur Hilfe.«

Darauf flog er davon. Der König lief den ganzen Tag, dann kam die Nacht. Die Vögel suchten ihre Nester auf und es wurde ganz still. Der Wanderer aber fand keine Ruhe. Er gelangte an das Ufer eines großen Flusses und dort fand er wieder eine Feuerstelle bereitet. Der König entfachte das Feuer und bald kam ein brauner Otter aus dem Fluss heraus, der sprach: »Huh, huh, schlimme Geschichte, das mit deiner Frau und den beiden Pferden, die der Riese entführt hat.«

»Da ist keine Hilfe«, sagte der König.

»Fasse Mut. Morgen, ehe es Mittag wird, wirst du deine Frau sehen. Aber zunächst einmal brauchst du etwas zu essen.«

Der Otter tauchte in den Fluss und kam mit drei herrlichen Lachsen zurück. Sie kochten sie und aßen sie und danach sagte der Otter: »Jetzt musst du schlafen.«

»Wie soll ich schlafen, wenn niemand über mich wacht?«

»Ich werde bei dir wachen«, entgegnete der Otter.

Der König schlief. Am Morgen sagte der Otter zu ihm: »Heute Nacht wirst du mit deiner Frau zusammen sein.«

Der junge König verabschiedete sich von dem Otter und das Tier sagte zu ihm: »Wenn du in Schwierigkeiten gerätst, rufe mich. Ich werde dann sofort zur Stelle sein.«

Der König ging weiter. Er kam an einen Felsen und tief unten in einer Schlucht entdeckte er seine Frau und seine beiden Pferde, aber er wusste nicht, wie er dahin gelangen könne. Er suchte einen Weg zu finden, auf dem er zum Fuß des Felsen gelangte, und tatsächlich, da verlief eine gute Straße. Er begrüßte seine Frau, aber sie weinte sehr.

»Oh weh«, sagte er, »das ist schlimm. Da heulst du nun, da ich so lange nach dir gesucht habe.«

»Huh«, sagten die Pferde zu der Frau, »stell ihn vor uns hin, damit wir ihn immer im Auge behalten. Solange wir hier sind, besteht für ihn keine Gefahr.«

Sie gab ihm zu essen und machte es ihm bequem und nach einer Weile stellte sie ihn vor die beiden Pferde hin.

Als der Riese kam, rief er gleich: »Ich kann riechen, dass hier ein Fremder ist!«

Die Königin sagte: »Mein Schatz! Meine Freude, mein Reichtum, das ist nur der Pferdekot, was du riechst.«

Dann wollte er die Pferde füttern, da gingen die Tiere auf ihn los und der Riese war dem Tod nahe. Er kroch vor ihnen davon.

»Mein Lieber«, sagte die Frau, »sie trachten dir nach dem Leben. Warum nur?«

»Wenn ich meine Seele im Leibe hätte, würden sie mich schon längst getötet haben.«

»Ja, aber mein Schatz, wo ist denn deine Seele? Ist sie etwa bei deinen Büchern? Dann will ich mich darum kümmern, dass ihr nichts geschieht.«

»Sie liegt unter der Türschwelle«, antwortete der Riese. Als er am Morgen fortging, reinigte sie die Türschwelle und wie er heimkam, ging er wieder die Pferde füttern und wieder setzten ihm die Tiere böse zu.

»Warum hast du die Türschwelle gesäubert?«, fragte der Riese die Frau.

»Weil dort doch deine Seele liegt.«

»Ich verstehe, wenn du wüsstest, wo meine Seele ist, würdest du nach ihr schauen.«

»Das würde ich.«

»Nun«, sagte der Riese, »es verhält sich noch etwas anders, als ich dir sagte. Unter der Türschwelle ist ein großer Stein, unter dem Stein sitzt ein Widder, in dem Bauch des Widders liegt ein Ente, im Bauch der Ente aber ist ein Ei, und darin steckt meine Seele.«

Als der Riese am nächsten Morgen aus dem Haus war, hoben sie den großen Stein und heraus sprang der Widder.

»Wenn wir nur einen Hund hätten, der ihn zurücktreiben könnte«, sagte die Frau.

Da rief der Mann jenen Hund, den er unterwegs getroffen hatte, und er kam an, den Widder im Maul. Sie schlachteten den Widder und heraus kam eine Ente, die flog mit anderen Enten davon. Da rief der König den Falken vom Grauen Fels und im Nu war der Vogel zur Stelle, flog der Ente nach, schlug sie, holte das Ei aus ihrem Bauch, aber dann fiel es ins Meer. Als das der junge König hörte, sagte er: »Jetzt kann mir nur noch der Otter helfen.«

Kaum hatte er den Satz ausgesprochen, da war das Tier auch schon zur Stelle, fischte das Ei aus dem Meer und brachte es der Frau.

Der Riese kam spät am Tag zurück und als er das Haus betrat, zerdrückte sie das Ei zwischen ihren beiden Händen. Da brach der Riese zusammen und war mausetot. Der junge König und seine Frau rafften so viel Gold und Silber zusammen, wie sie tragen konnten. Sie verbrachten eine lustige Nacht mit dem braunen Otter und eine zweite mit dem Falken vom Grauen Fels und dann noch eine dritte mit dem Hund aus dem Wald. Darauf kamen sie heim und nachdem sie im Palast alles in Ordnung gebracht hatten, feierten sie ein schönes Fest und waren glücklich und zufrieden, dass sie einander hatten bis ans Ende aller Tage und aller Nächte Morgen.

Geschichte aus den Highlands

&

Eine Liebestragödie

D as Eheleben Lachlan Cattanachs, des elften Häuptlings des Clans Maclean, über das sich selbst die
Seanachies[7] nur sehr zurückhaltend äußern, war reich an
Zwischenfällen und das ist milde ausgedrückt. Als Erste
heiratete er Lady Elizabeth Campbell, die Schwester Colins,
Earl of Argyll. Obgleich diese Verbindung von dem Bruder
der Braut gutgeheißen wurde, weil er so eine Möglichkeit
witterte, das Land Macleans in seinen Besitz zu bringen,
wurde sie doch keineswegs glücklich. Die Braut brachte, wie
es jedenfalls in Quellen der Macleans behauptet wird, in
ihrem Gefolge einen jungen Liebhaber mit, der nur notdürf-
tig als Mönch getarnt war. Sodann protestierte Elizabeth
lauthals, als Lachlan darauf bestand, mit einem scharfen
Schwert an seiner Seite zu schlafen, und schließlich scheint
sie auch versucht zu haben, ihren Gemahl zu vergiften, wozu
sie die damals noch wenig bekannte Droge *Cavale* verwandte. Hinzu kam, dass sie Lachlan, trotz regelmäßigen Bei-
schlafs, nicht den so sehr erhofften Erben schenkte. Also
beschloss er, sich ihrer zu entledigen. Mit dieser Absicht
im Sinn setzte er sie auf einem niedrigen Felsen im Sound
of Mull aus, der bei Flut von Wellen überspült wird. Noch
heute wird dieser Felsen *Lady's Rock* genannt. Lachlan aber
konnte wohl kaum vorhersehen, dass, kurz nachdem er Elizabeth dort allein gelassen hatte, ihre beiden Brüder in ihrer

---

7 Geschichtenerzähler heißen in Schottland *Seanachies*.

birlinn[8] vorbeikommen würden, und dass er sich, als er an jenem Abend bei ihnen eintraf, um mit ihnen zu speisen, und gleich bei seiner Ankunft lauthals seinen tragischen Verlust beklagte, bei Tisch neben seinem Weib wiederfinden würde – eine recht peinliche Situation. Es muss wohl kaum erwähnt werden, dass ihre Ehe mit dieser unglücklichen Episode zu Ende war.

Unverdrossen heiratete Lachlan danach eine weitere Campbell. Es war Margaret, die Tochter des Campbell of Achinbreck. Doch auch sie schenkte ihm keinen Erben. Voller Verzweiflung wandte er sich nun seinem eigenen Clan zu und nahm als dritte Frau Marian zum Weibe, die schöne und lebhafte Tochter des Maclean of Treshnish, Captain of Cairnburgh. Marian nun schenkte Lachlan zwei kräftige Söhne, Hector und Allan. Auch hatte sie nichts dagegen einzuwenden, dass er mit einem Schwert an seiner Seite schlief. Und sie versuchte auch nicht, ihn zu vergiften. Doch schon bald begann Lachlan, große Zweifel an ihrer Treue zu hegen.

Sein Misstrauen war erregt worden, weil Marian sich während ihrem Aufenthalt im Island House auf der Insel Tiree in einen irischen Häuptling namens William O'Buie verliebt hatte, der ihre Gefühle leidenschaftlich erwiderte.

In jenen Tagen herrschte zwischen Irland und den westlichen Inseln ein reger Schiffsverkehr und zwischen den beiden Liebenden begann ein lebhafter Briefwechsel. Nachdem Lachlan Cattanach einen Brief von O'Buie an seine Frau abgefangen hatte, war er, wie der Seanachie zu berichten weiß, tief gekränkt. Um die wahren Gefühle seiner Frau zu prüfen, zeigte er ihr ein Federmesser, das er auch abgefangen hatte, und sagte: »Dies ist ein Geschenk, das dir O'Buie sendet.«

---

8 *birlinn* ist ein Bootstyp, der im Mittelalter besonders in den West-Highlands und auf den Hybriden benutzt wurde.

Darauf erwiderte sie verletzend und in gereimten Versen:

> »Mein Liebster, der mir das Messer sandte,
> überdrüssig bin ich seines Zögerns,
> selber über die See zu kommen.
> Und möge es mir zum Schaden gereichen,
> wenn ich dieses Messer nicht mehr liebte,
> als die Hand, die es jetzt hält.«

Dies genügte Lachlan Cattanach. Er rief seinen so listenreichen Blutsverwandten und Nachbarn Lachlan Fionn zu sich und sagte ihm: »Du bist ein kluger Mann und hast sieben Söhne. Geh nach Irland und komm zurück mit O'Buies Kopf. Danach werde ich bei jeder Untat, die du möglicherweise begehst, hinfort hinwegsehen.«

Das Angebot klang für Lachlan Fionn verlockend. Er und seine Söhne stachen unverzüglich mit ihrem Langboot nach Irland in See. Sie gelangten noch vor Sonnenuntergang nach Islay und erreichten Irland am darauffolgenden Tag. Nach ihrem Eintreffen fragte Lachlan Fionn den ersten Mann, auf den er stieß, wo er William O'Buie finden könne.

»Wenn du ihn zu sehen wünschst«, antwortete der Ire, »nun, er kommt in Kürze desselben Wegs in einer Kutsche, die von zwei Schimmeln gezogen wird. Außer ihm besitzt keiner ein solches Gefährt in ganz Irland.«

Also ging Lachlan Fionn weiter die Straße entlang in die Richtung, die ihm der Mann gewiesen hatte, und sah nach einer Weile O'Buies Kutsche mit den Schimmeln herankommen.

Als O'Buie Lachlan Fionn erblickte, hielt er an.

»Ich sehe, Ihr seid ein Fremder in dieser Gegend«, sagte er.

»Ja«, sagte Lachlan Fionn.

»Von woher kommt Ihr?«, fragte O'Buie.

»Von der Insel Tiree«, erwiderte Lachlan Fionn.

»Kennt Ihr das Weib von Maclean?«, erkundigte sich O'Buie.

»Ich kenne es gut.«

»Wollt Ihr ihr eine Botschaft von mir überbringen?«

»Warum nicht«, sagte Lachlan Fionn.

Daraufhin schrieb O'Buie ein paar zärtliche Zeilen. Als er sich bei der Übergabe des Briefes aus der Kutsche beugte, nahm Lachlan Fionn mit der einen Hand den Brief entgegen und hieb mit der anderen O'Buie den Kopf ab. Darauf nahm er den Kopf und eilte zurück zu seinem Langboot. Noch am gleichen Abend erreichte er Islay und war am nächsten Tag zurück auf Tiree.

Sofort nach dem Anlegen begab sich Lachlan Fionn zum Island House. Er traf Maclean und seine Frau beim Frühstück. Er sagte nichts, sondern stellte O'Buies Kopf mit dem Gesicht zu Lady Maclean auf den Tisch. Als sie sah, wessen Schädel sie da anblickte, tat sie einen Schrei und brach tot zusammen. Auf diese Weise war Macleans Ehre reichlich Genüge getan. Lachlan Fionn hatte das in ihn gesetzte Vertrauen mehr als nur gerechtfertigt und hatte die versprochene Straffreiheit verdient, für welche Untat auch immer.

Nicht lange danach brachen die Söhne Fionns auf nach Hynish. Sie waren zu fünft mit sieben Pferden unterwegs, die Körbe voll Torf trugen. Zu jener Zeit stand bei Balvicem eine Mühle. Über das Mühlwehr führte eine Brücke, über die sie auf ihrem Heimweg gehen mussten. Bei Sonnenuntergang wurde die Brücke hochgezogen. An jenem Tag hatten die Söhne Lachlan Fionns länger und härter gearbeitet und deshalb auf dem Rückweg haltgemacht, um sich ein wenig zu stärken. So war es schon lange nach Sonnenuntergang, als sie die Brücke erreichten, und sie war schon längst hochgezogen. Doch bei dem vielen Whisky, den sie getrunken hatten, und in der Eile, in der sie waren, bemerkten sie dies nicht und bevor sie anhalten konnten, war das führende Pferd ihres Trupps kopfüber in den Mühlengraben gestürzt und ertrunken.

Als die Burschen zu Hause eintrafen, erzählten sie ihrem Vater, dass der Müller bei Einbruch der Nacht die Brücke hochgezogen habe und was ihnen dann zugestoßen sei. Darüber geriet Lachlan Fionn in großen Zorn. Er erinnerte sich der Straffreiheit, die ihm von Lachlan Cattanach gewährt würde, und sagte zu seinen Söhnen: »Wenn mein Pferd durch die Schuld des Müllers ertrunken ist, so wird ihn heute Nacht das gleiche Schicksal treffen.«

Lachlan und seine Söhne brachen zur Mühle auf, fanden den Müller im Bett schlafend vor, griffen ihn und henkten ihn auf dem Hillock of the Cross, direkt gegenüber vom Island House.

Am nächsten Morgen kam zu Lachlan wie gewöhnlich sein Diener, um ihn zu wecken und um das Feuer im Zimmer anzufachen, bevor sein Herr sich aus dem Bett begab. Wie gewöhnlich erkundigte sich der Häuptling, wie der Tag heute sei. Daraufhin antwortete der Diener, dass der Tag heute wohl schön sei, sich jedoch, wenn man aus dem Fenster schaue, ein merkwürdiger Anblick böte.

»Und was wäre das?«, fragte der Häuptling.

»Ein Mann, auf dem Hügel gegenüber, der gehenkt wurde«, lautete die Antwort.

Dies ärgerte Maclean, der einen ausgeprägten Sinn für Anstand besaß. Nicht, dass er etwas gegen das Henken an sich hatte; aber er duldete nicht, dass auf der Insel jemand ohne seine Billigung aufgeknüpft wurde.

»Wer nimmt sich derlei heraus ohne meine Erlaubnis?«, fragte er und stieg gereizt aus dem Bett. Doch dann auf einmal wurde ihm bewusst, dass dies Lachlan Fionn getan hatte, und es kamen ihm Tränen der Wut. Traurig sagte er: »Es war Teil der Abmachung, die ich mit ihm traf, damit er mir den Kopf des Mannes aus Irland brächte.«

»Und dies«, sagt der Seanachie, »war das letzte Henken auf der Insel.«

Der böse Vorfall hatte nämlich Lachlan Cattanach dazu bewogen, den Galgen abzuschaffen. Der elfte Häuptling des Clan Maclean aber starb, wie berichtet wird, 1527 während eines Besuchs in Edinburgh im Bett, dort erdolcht vom Bruder seiner ersten Frau, John Campbell of Calder. Dieser hatte im Namen seines älteren Bruders, des Earl of Argyll, gehandelt, der, wie manche sagen, Lachlan immer noch den erfolglosen Versuch von vor dreißig Jahren, seine Schwester zu ertränken, verübelte. Andere behaupten, dass die Campbells aus politischen Beweggründen handelten, oder, nicht weniger wahrscheinlich, aus dem beständigen Wunsch, soviel Maclean'sches Land wie nur möglich in ihre Hände zu bekommen; ein Bestreben, mit dem sie am Ende nur allzu erfolgreich waren.

Geschichte aus den Highlands

Macfarlane

Zur Zeit der Stewart-Könige«, berichtet der Seanachie, »besaßen viele Häuptlinge der Highlands, um sich zu verteidigen, eigene Festungen, doch, um gewöhnlich bequem zu wohnen, auch Wohnsitze.«

So hatte auch zur Zeit Königs James VI. Macfarlane of Arrochar, dessen Herrschaftsgebiet sich über die Landenge zwischen Loch Lomond und Loch Long erstreckte, eine Festung auf der Insel Inveruglas im Loch Lomond und eine weitere auf Eilean a'Bhutha. Sein Wohnsitz hingegen lag bei Chadach Mor am Ufer des Loch nahe Tarbet. Für den Sitz eines Häuptlings war es kein sehr großes und sehr vornehmes Haus. Mit Adlerfarn war es gedeckt und maß genau vierunddreißig Fuß in der Länge und dreizehn in der Breite. Es gab da nur drei Zimmer, einen Wohnraum, eine Küche und einen kleinen Vorratsraum. Das Küchenfeuer befand sich in der Mitte des Fußbodens und der Rauch zog durch ein Loch im Dach ab; im Wohnraum gab es ein größeres Fenster mit sechs Glasscheiben und in der Küche ein kleineres; auf der Rückseite war ein Fensterloch, das bei stärkerem Wind mit Brettern verschlossen wurde. Das Haus bestand nur aus dem Erdgeschoss. Doch der Seanachie berichtet: »Balken aus gespaltener Eiche, bedeckt mit Grasschollen, bildeten über dem Laird[9] of Arrochar einen Dachboden.«

Wir schreiben das Jahr 1592. Die Frau des damals herrschenden Macfarlane of Arrochar stammte aus der alten und adligen Familie Buchanan, deren Ländereien am anderen Ende vom Loch Lomond lagen. In jenen Tagen war es für

---

9 *Laird* ist der Titel eines Grundbesitzers, der mit bestimmten feudalen Rechten ausgestattet ist.

die Frauen von Grundherren ganz natürlich, für ihren eigenen Tuchbedarf Wolle und Flachs zu spinnen.

»Macfarlanes Lady«, berichtet der Seanachie, »war mit Spinnen sehr in Anspruch genommen und fand es, gleich anderen Frauen, nicht unter ihrer Würde, mit dem Garn zum Haus des Webers zu gehen, um ihm Anweisungen zu geben, wie es zu verweben sei.«

In diesem Fall lag das Haus des Webers in einiger Entfernung weiter südlich bei Banairidh, nahe Ras Dubh am Loch Lomond. Auf dem vorspringenden Ras Dubh, der Schwarzen Landspitze, stand, weithin Loch Lomond überblickend, der großartige Wohnsitz von Sir Humphrey Colquhoun of Luss, dem gut aussehenden Häuptling des Clans Colquhoun, eines alten Freundes der Familie der Lady Macfarlane. Außer seinem vornehmen Wohnsitz besaß Sir Humphrey auch eine starke Festung im tieferen Teil des nahen Glen Fruin.

War es da nicht nur natürlich, dass Macfarlanes Eheweib, eine schöne und eigensinnige junge Frau, auf ihren Gängen zum Weber auch ihren alten Freund Sir Humphrey traf. Wie so üblich auf dem Lande, bemerkte man diese Begegnungen und redete darüber. Macfarlanes Lady, so hub das Gerede an, verbringt ein gut Teil ihrer Zeit in Gesellschaft des Laird of Luss.

»Dies wurde zum öffentlichen Ärgernis«, berichtet der Seanachie, »und weckte natürlich Macfarlanes Eifersucht.«

In jenem Sommer war Lady Macfarlane damit beschäftigt, mehr als die übliche Menge an Garn zur Herstellung eines besonders großen Tuches zu spinnen. Dies erforderte natürlich auch mehr als die übliche Anzahl an Besuchen bei dem Weber in Banairidh. Diese häufigeren Ausflüge blieben von ihrem Gemahl nicht unbemerkt. Seine Eifersucht wuchs und er suchte nach allerlei Vorwänden, sie zum Daheimbleiben zu zwingen. Zu jener Zeit verlief zwischen Tarbet und Ras Dubh noch keine Straße und Lady Macfarlane musste ihre Reisen mit dem Boot antreten. Eines Tages erklärte sie ihrem Gemahl, sie habe von dem Weber die Botschaft erhalten, dass er dringend noch einige besondere Anweisungen für das Tuch benötige, das er für sie in Arbeit habe. Macfarlane fragte sie, ob sie nicht jemand anderen schicken könne, doch sie bestand darauf, dass sie selber gehen müsse, die Anweisungen seien schwierig. Während sie hastig ihre Abreise vorbereitete, rutschte ein Brief aus dem Ausschnitt ihres Kleides und fiel zu Boden. Sie hatte es nicht bemerkt, aber ihrem Ehemann war es aufgefallen und er konnte ihn aufheben und in seine Tasche stecken. Nachdem sie fort war, las er ihn. Er stammte vom Laird of Luss aus Banairidh und enthielt die Aufforderung zu einem Stelldichein noch am selben Tag.

Macfarlanes sah sich in seinem ärgsten Verdacht bestätigt und er wurde von maßloser Wut gepackt. Er hatte zwischen Loch Lomond und Loch Long eine große Anzahl Bewaffneter für einen solchen Ernstfall bereitstehen. Er versammelte seine gesamte Streitmacht, setzte sich an ihre Spitze und machte sich von Arrochar über die Hügel nach Banairidh auf den Weg. Sie stiegen auf den Inverreoch, erreichten auf der anderen Seite erst Glen Douglas und dann Glen Luss, überquerten den Fluss Luss bei Cuil a'chipean, kamen an Auchengavin vorbei und zogen durch Allt a'chlaidheimh. Sie gelangten auf den Gipfel von Banairidh und das Erste, was sie von dort erblickten, waren Macfarlanes Lady und Sir Humphrey, die gemeinsam durch den Wald spazierten.

Im gleichen Augenblick wurde der Trupp aber auch von Lady Macfarlane erspäht. »Flieh rasch«, rief sie Sir Humphrey zu, »doch nicht zu deinem Wohnsitz. Flieh auf deine Festung Bannachra. Diese Männer haben es auf dich abgesehen.«

»Sir Humphrey«, berichtet der Seanachie, »wartete kein weiteres Wort ab, sondern floh. Macfarlane und seine Männer nahmen die Verfolgung auf.«

Die Festung Bannachra lag fünf Meilen entfernt, doch obwohl einige von Macfarlanes Leuten sehr gute Läufer waren, konnte doch keiner mit Sir Humphrey mithalten, der schneller als sie alle lief, nachdem er Lady Macfarlane auf sich allein gestellt zurückgelassen hatte. Noch ehe die Macfarlanes ihn einholen konnten, hatte er seine Festung erreicht, war mit seinem Gefolge hineingestürzt und hatte das große Tor verbarrikadiert. Unglücklicherweise war aber einer seiner Bediensteten nicht schnell genug gewesen und war ausgesperrt worden. Da er nun nicht mehr in die Festung hinein konnte, versteckte er sich in einem Nebengebäude. Als Macfarlane und seine Männer Bannachra erreichten, versuchten sie das große Tor einzurammen, doch es hielt ihren Versuchen stand. Darauf durchsuchten sie die Nebengebäude und entdeckten Sir Humphreys unglückseligen Bediensteten, der sofort vor Macfarlane geführt wurde. Dieser war alles andre als in gemütlicher Stimmung. Er zog sein Schwert und richtete es auf die Brust des Bediensteten.

»Wenn du mir nicht augenblicklich den Teil der Festung anzeigst, in dem sich Sir Humphrey aufhält«, sagte er, »werde ich dich mit diesem Schwert durchbohren.«

Dem Diener war sein Leben lieb. Ohne Zögern verriet er, in welchem Teil der Festung Sir Humphrey sich wahrscheinlich befand. Später wurde ihm sein Verrat von den Einwohnern von Luss verübelt, und er wurde – allgemein nur *traitor Colquhoun*, Verräter Colquhoun genannt, und so auch seine Abkömmlinge noch viele Generationen nach ihm.

Als Macfarlane wusste, wo Sir Humphrey sich aufhielt, schickte er seine Männer eilends in den Wald, damit sie belaubte Zweige von den Bäumen schnitten. Diese schichteten sie zu einem großen Haufen in Windrichtung zur Festung auf und steckten sie in Brand. Der Wind trug den Qualm in den Teil der Festung, in dem sich Sir Humphrey befand, und nahm ihm fast den Atem. Als er den Qualm nicht mehr länger ertragen konnte, ging er zu einer Mauerluke, um frische Luft zu schöpfen.

»Und einer der Macfarlanes«, berichtet der Seanachie, »der gegenüber dieser Mauerluke mit seinem Bogen stand, schoss einen Pfeil auf ihn ab, der ihn tötete.«

Als Macfarlanes Männer schließlich in die Festung eingedrungen waren, zogen sie Sir Humphreys Leiche heraus und schnitten ihm den Kopf und das Geschlecht ab. Sie wickelten beides in ein Tuch und nahmen es mit sich. Macfarlane traf in Cladach Mor zur Essenszeit wieder ein. Er legte Sir Humphreys Geschlecht auf eine hölzerne Sevierplatte, die er vor sein Eheweib auf den Tisch stellte.

»Dies ist dein Anteil«, sagte er. »Du wirst schon wissen, was es ist.«

Sir Humphrey wurde mit Sicherheit durch einen Pfeilschuss getötet, doch gemäß einer anderen, wahrscheinlich verlässlicheren Quelle tötete ihn nicht ein Macfarlane, sondern sein eigener jüngerer Bruder Iain, der darauf aus war, ihn als Häuptling zu verdrängen und diese vom Himmel gesandte Gelegenheit benutzte, um ihn aus dem Weg zu schaffen. Auf Sir Humphrey folgte schließlich jedoch nicht Iain, denn dieser wurde bald nach Humphreys Tod nach Edinburgh gebracht, vor Gericht gestellt und am Mercat Cross für eben den Mord an seinem eigenen Bruder hingerichtet.

Geschichte aus den Highlands

Der Schäfer, der nicht lügen konnte

Es waren einmal zwei Bauern, die waren Nachbarn. Eines Tages waren sie auf dem Markt gewesen und auf dem Weg nach Hause sprachen sie darüber, wie schwierig die Landwirtschaft geworden sei, die Pacht so hoch, die Handwerker und Knechte alle teuer, und dass, wenn man die anderen bezahlt habe, nicht mehr viel für einen selbst übrig bleibe.

»Nun«, sagte der eine zu seinem Freund, der Robertson hieß, »das ist wohl wahr, aber ich meine doch, wenn es gute Leute sind, ist das Geld gut angelegt. Ich habe so einen guten Mann. Wenn alle so wären wie mein Schäfer Donald, könnte ich den ganzen Winter in Spanien verbringen. Ich habe nie jemanden gesehen, der so zuverlässig und wahrheitsliebend ist. Er hat noch nie eine Lüge über die Lippen gebracht.

»Hohoho«, erwiderte Robertson, »bist du nicht recht bei Sinnen. Nie gelogen? So einen Menschen gibt es nicht.«

»Nun, Donald ist ein solcher Mensch.«

»Vielleicht gab es einfach keinen Grund für ihn zu lügen. Das wird's sein. Keiner lügt, solange er mit der Wahrheit durchkommt.«

»Ich wett mir dir, er würde nie lügen.«

»Ich wett mit dir um zwanzig Pfund, dass er vor mir innerhalb eines Tages lügen wird.«

»Gut. Also nun versuch's, ob du ihn beim Lügen ertappst.«

»Ich komme nächste Woche herüber und dann werden wir die Probe aufs Exempel machen.«

Robertson ging heim. Er hatte eine Melkerin, für die Donald eine große Vorliebe hegte und die zu sehen er recht oft vorbeikam. Robertson wusste das und daran knüpfte er sein

Vorgehen. Er sagte zu dem Mädchen: »Mary, ich möchte, dass du etwas für mich tust.«

»Gern, wenn ich kann.«

»Du kannst«, sagte er. »Ich habe hier ein Paar hübsche Strümpfe, Kniestrümpfe, noch nicht getragen. Ich möchte, dass du damit zu Donald gehst. Ich habe eine Wette abgeschlossen. Es gibt ein schwarzes Schaf in seiner Herde und sein Herr liebt es sehr und meint, es bringe Glück, ein solches Tier in der Herde zu haben. Es ist das erste Tier, nachdem er sich immer erkundigt, wenn die Herde heimkommt.

Ich weiß auch, dass Donald diese schwarzen Strümpfe sehr gern hätte, gib sie ihm nur, wenn du das schwarze Schaf bekommst. Wenn du das schaffst, habe ich die Wette gewonnen und es wird dein Schaden nicht sein.«

»Ich würde mich schämen, zu ihm zu gehen.«

»Du kannst sagen, du seist gekommen, um dir meine Tiere anzuschauen, die dort draußen weiden.«

Also ging Mary zu Donald und der sagte zu ihr: »Wer in aller Welt hat dich hier herausgeschickt?

»Ach, ich will mir die Kuh ansehen, die trächtig ist. Ich wollte auch dich sehen. Ich habe für dich ein kleines Geschenk. Ich hatte keine Gelegenheit, es dir unter vier Augen zu geben. Ich habe es mitgebracht. Hier schau mal.«

»Was ist es denn?«

»Ein Paar Strümpfe, die ich für dich gestrickt habe.«

Sie gab ihm die Strümpfe.

»Ja«, sagte Donald, »die sind wirklich hübsch. Hast du sie selbst gemacht, Mary?«

»Ja doch. Viele Nächte habe ich daran gestrickt, wenn die anderen schon im Bett waren, damit sie es nicht sehen sollten und gleich Bescheid wissen, wenn sie später einer trägt.«

»Nun, ich habe gar nicht gewusst, dass du mich so gern hast, Mary.«

»Ich liebe dich mehr als du mich, Donald.«

»Das ist ja nicht möglich. Aber was willst du denn als Gegengabe?«

»Ach, ich will gar nichts dafür. Ich habe sie für dich gemacht, Donald.«

»Das weiß ich, aber du musst auch etwas dafür bekommen.«

»Nun, was ich gern hätte, wäre für dich gewiss kein großer Verlust, wenn du es mir geben würdest.«

»Und was wäre das?«

»Das schwarze Schaf.«

»Auf mein Wort. Wenn es mir gehörte, würde ich es dir geben. Ich würde dir die ganze Herde geben. Aber mein Herr hat ein besonderes Auge auf das schwarze Schaf. Ich glaube, es ist ihm wichtiger als die ganze Herde zusammen.«

»Aber Donald, du kannst doch leicht eine Ausrede erfinden. So ein Schaf lebt doch nicht ewig.«

»Also schön, du bekommst das schwarze Schaf.«

Donald fing es, legt ihm ein Seil um und sie zog damit ab. Als sie bei Robertson damit ankam, zeigte sich der sehr erfreut.

»Das hast du gut gemacht. Nun wollen wir doch einmal sehen, ob Donald immer die Wahrheit sagt.«

Robertson ging hinüber zu seinem Nachbarn.

»Ist Donald mal hier gewesen, seit ich dich zum letzten Mal sah?«

»Nein, es war kein Grund vorhanden, ihn herzurufen.«

»Nun, dann lassen wir ihn jetzt rufen. Dann wird sich herausstellen, ob er so wahrheitsliebend ist, wie du immer behauptest.«

»Wie willst du ihn denn auf die Probe stellen?«

»Du brauchst ihn nur das zu fragen, was du ihn sonst auch immer fragst, den Rest besorge ich.«

Also schickte der Bauer nach Donald und sagte, er müsse ihn etwas fragen. Donald wusste nicht, was er tun sollte.

Was soll er mich fragen wollen, wenn er nicht die Schafe sehen will? Was soll ich denn nur machen? Er wird mich fragen, wie es mit der Herde geht und ob ich das schwarze Schaf noch habe. Ach, ich wünschte, ich hätte es Mary nie geschenkt.

Er steckte seinen Stock in einen Hügel, hängt seine Jacke daran. Das war jetzt der Bauer. Und so probte er.

»Ah, da bist du ja, Donald.«

»Ja.«

»Wie geht's mit der Herde?«

»Alles in Ordnung.«

»Was macht das schwarze Schaf? Hast du es noch?«

»Nein.«

»Aha. Also ist es verloren gegangen?«

»Ja.«

»Lieber hätte ich vier andere verloren.«

»Ich auch.«

»Wie ist denn das gekommen?«

»Schwer zu sagen.«

»Es war doch sonst nicht so da draußen.«

»Ich habe kaum mal eines verloren.«

»Und dann gleich das Schönste aus der ganzen Herde.«

»Ja, ich habe das immer kommen sehen ...«

»Ja. Das hast du. Hast du das Fell mit heimgebracht?«

Auch das noch (sagte Donald bei sich). Nein, keine Haut, kein Haar. Zu blöd. Ich hab nichts. Gott helfe mir. Was soll ich jetzt nur machen? So geht das nicht. Ich muss was anderes versuchen. Ich werde sagen, es sei gestohlen worden, dann kann er nicht nach der Haut fragen.

»Ach, da bist du ja, Donald!«

»Ja«, sagte Donald zu der Jacke.

»Wie geht's mit der Herde?«

»Mit der Herde ist alles in Ordnung.«

»Und wie geht's dem schwarzen Schaf? Hast du's noch?«

»Nein.«

»Wann hast du es denn zum letzten Mal gesehen?«

»Vor zwei Tagen.«

»Und was ist damit geschehen?«

»Weiß ich nicht.«

»Hast du den Hügel abgesucht?«

»Jeden Inch. Jedes Loch, jeden Bach. Ich war überall. Ich konnte es nicht finden, weder tot noch lebendig, auch nicht einen Fetzen Wolle.«

»Es muss gestohlen worden sein.«

»Nichts ist gewisser.«

»Merkwürdig. So etwas habe ich auch noch nicht gehört. Offenbar sind heutzutage überall Diebe. Vermisst du noch ein weiteres Schaf?«

»Nein, das nicht.«

»Nun, Donald, es kann nicht weit sein.«

»Wer weiß.«

»Nein, Donald. Sieh mal, wenn es ein Dieb gewesen wäre, der es verkaufen wollte, hätte er doch gleich mehrere mitgenommen. Weit kann es nicht sein. Wir schicken nach der Polizei, selbst wenn das Fleisch schon weg ist, die Wolle doch nicht.«

Donald dachte bei sich, dass die Polizei suchen und Mary ins Gefängnis kommen wird. Was jetzt? Ich sehe schon, Lügen helfen da nicht, ich muss die Wahrheit sagen, so hart das auch ist. Vielleicht muss ich dafür zahlen. Dann muss er eben von meinem Lohn etwas einbehalten. Ich kann es auch nicht ändern.

Donald nahm also das Jackett von dem Stecken und ging geradewegs zum Farmhaus. Dort angekommen ging er erst einmal in die Küche. Robertson wartete schon mit dem Bauern in der guten Stube auf ihn. Donald wurde hereingerufen. Er rieb sich die eine Braue.

»Da bist du ja, Donald.«

»Ja.«

»Du schwitzt ja. Es ist doch gar nicht so heiß.«

»Nein, es ist kalt genug.«

»Wie steht's mit der Herde, Donald?«

»Alles in Ordnung.«

»Und mit dem schwarzen Schaf?«

Donald sagte kein Wort. Er ließ den Kopf hängen.

»Hast du das schwarze Schaf nicht mehr, Donald?«

»Nein, ich habe es nicht mehr.«

»Was ist denn damit geschehen?«

»Ich habe es weggegeben.«

»Du hast es verkauft?«

»Nie im Leben hätte ich es verkauft.«

»Wem hast du es denn gegeben?«

»Ich habe es der Magd von Mr Robertson gegeben. Sie kam ungefähr vor einer Woche mit einem Geschenk und obwohl ich ihr mein Herz schenken wollte, wollte sie nichts lieber als das schwarze Schaf. Ich hab es ihr gegeben. Es tut mir leid. Aber was nützt das schon. Wenn ich dafür zahlen kann, will ich das gern tun. Ihr könnt mir die Summe ja vom Lohn abziehen und wenn nicht, tut mit mir, was Ihr wollt.«

»Nun, Donald, so etwas habe ich noch nie gehört. Ich verstehe, dass du die Magd gern magst. Wolltest du ihr etwas, was mir gehört, als Mitgift geben oder wie hast du dir das sonst gedacht?«

»Wahrscheinlich war es so.«

»Sehr merkwürdig. So etwas hätte ich dir nie zugetraut.«

Dann wandte er sich an Robertson: »Was habt Ihr nun noch zu ihm zu sagen? Ich bin mit ihm fertig!«

»Nun, nicht mehr. Ich glaube, was von Donald behauptet worden ist, nämlich er lüge nie, damit hat es seine Richtigkeit.«

»Also, Donald«, sagte sein Herr, »obwohl du das schwarze Schaf fortgegeben hast, will ich dir vergeben, denn du bist wieder bei der Wahrheit geblieben wie immer. Wenn nicht, hätte ich dich nach vierundzwanzig Stunden davongejagt. Das Beste wird sein, dass du diese Mary heiratest, dann hast du beides – sie und das schwarze Schaf. Aber ab heute sollst du nicht mehr als Schäfer da draußen in den Hügeln umherziehen, sondern du wirst mein Verwalter.«

Donald hob den Kopf, als er das hörte, nie hatte ihm etwas so viel Glück gebracht wie das schwarze Schaf, das er der Liebsten geschenkt hatte. Er heiratete Mary und wurde des Bauern Verwalter.

Geschichte von den Hebriden

Wie Clanranald
Ormaclate House baute

Clanranald kam nach Frankreich. Er verliebte sich in die Tochter eines Herzogs und heiratete sie. Als er seine Braut nach Lochboisdale brachte, warteten da als Beförderungsmittel zwei Ponys ohne Sattel. Und als sie Ormaclate erreichten, gab es da nur ein altes Haus und die junge Ehefrau war nicht gerade entzückt.

Eines Tages nun, als sie mit ihrem Ehemann einen Spaziergang machte, sagte sie zu ihm, Uist sei ein schrecklicher Ort, da gäbe es nichts zu sehen als den Ozean auf der einen Seite und die Gebirge auf der anderen. »Also ich finde hier nichts, was mir wirklich gefällt.«

»Also es gefällt dir hier ganz und gar nicht?«, fragte Clanranald.

»Nein, was das Haus, in dem wir wohnen, angeht, so müsste ich mich schämen, wenn ich einmal Besuch von Verwandten aus der Heimat bekäme. Selbst der Hühnerstall daheim ist besser.«

»Nun«, sagte Clanranald, »an den Gebirgen dort drüben und dem Ozean in dieser Richtung kann ich nichts ändern. Aber was das Haus angeht, so sollst du eines bekommen, das mindestens so schön ist wie das deines Vaters. Wenn du irgendetwas haben willst, brauchst du es mir immer nur zu sagen.«

Nun gefiel es ihr in Schottland schon etwas besser. Clanranald begann also bei Ormaclate ein Haus zu bauen. Er holte die Bauleute aus Frankreich herüber und es dauerte sieben Jahre, bis es fertig wurde. Es kostete eine Menge Geld und das Geld lag auch damals nicht auf der Straße. Als es ans Zahlen ging, hatte Clanranald nicht genügend. Wenn er all seine Schulden hätte begleichen wollen, hätte er seinen Besitz verkaufen müssen. Die Sache stand schlimm für ihn und er schickte nach einem klugen alten Mann und fragte ihn um Rat.

»Nun«, sagte der Alte, »wenn Ihr genau das tut, was ich sage, werdet Ihr Euren Besitz nicht verlieren, wenn nicht, ist keine Rettung.«

»Also, was soll ich tun?«

»Habt Ihr ein paar kräftige Burschen auf Eurem Besitz?«

»Oh ja!«

»Nun, ladet acht davon ein – wie viele können bei einem Essen an Eurem Tisch sitzen?«

»Vierzehn.«

»Und Eure Gläubiger, wie viele werden erscheinen?«

»Vier.«

»Also gut. Holt acht der stärksten Burschen, kleidet sie ein, gebt jedem ein schwarzes Messer. Schlachtet einen Ochsen, beschafft ein Fässchen Whisky und lasst die Burschen mit am Tisch Platz nehmen, wenn Eure Besucher kommen. Es wird Euch und Eurer Frau ja wohl nichts ausmachen, sie einen Tag lang mit am Tisch zu haben. Lasst das Essen so sein, wie es auf den Highlands üblich ist, kein Messer, keine Gabel, nur die Finger. Und seht, dass der Mann, der die Getränke ausschenkt, jeweils einen *quaich*[10] füllt, kein Horn oder Glas.«

Clanranald empfing seine Gläubiger vor dem Haus. Sie erklärten ihm, sie wollten sich schon mal die Tiere auf dem Besitz anschauen.

»Ach, das hat doch noch Zeit«, sagte Clanranald, »kommen Sie doch erst einmal herein und essen Sie etwas mit uns.«

Sie gingen ins Haus. Die acht starken Burschen saßen schon bei Tisch. Die Besucher hatten für nichts Augen als für diese schrecklichen Kerle. Der Mann, der die Getränke aus-

---

10 Ein *quaich* fasst jeweils eine ganze Flasche.

schenkte, Clanranalds Kellner, kam mit einem großen Zinn-krug. Jeder der Gäste bekam einen *quaich* voll.

Man setzte sich zum Essen, aber die Gäste ließen keine Augen von den Raufbolden.

Als das Festmahl vorbei war, ging man nach draußen und Clanranald kam mit.

»Wer waren eigentlich diese schrecklichen Kerle bei Tisch?«

»Ach«, sagte Clanranald, »das waren meine Leibwächter. Ich habe von ihnen dreihundert.«

»Dreihundert?«

»Ja.«

»Kein Wunder, dass Ihr Schulden machen musstet, wenn Ihr dreihundert von denen durchfüttern und entlohnen müsst.«

»Ja, aber sie sind nun mal meine Leibwache.«

»Merkwürdig, dass sie mit Euch bei Tisch sitzen.«

»Sie sind mir sehr ergeben.«

»Ah ja.«

»Ein Wink und sie würden jeden töten, der mir zu nahe tritt.«

»Ja, dann brauchen wir uns vielleicht Euren Bestand an Vieh gar nicht anzuschauen. Wir glauben Euch auch so.«

»Ganz wie ihr wollt. Es handelt sich um Rehe, Pferde und eine Rinderherde.«

»Also«, sagte einer der Besucher. »Wir reisen noch heute. Wir werden versuchen, in Edinburgh das Beste für Euch her-auszuholen.«

»Sehr gut«, sagte Clanranald.

Als die Gläubiger zurück nach Edinburgh kamen, hielten sie eine Versammlung ab und berichteten, was sie gesehen hatten und wie es kein Wunder sei, dass Clanranald Schul-den habe, wenn man in Rechnung stelle, dass er eine ganze Privatarmee unterhalte. Es sei unklug, auf sofortiger Zahlung zu bestehen.

Die Gläubiger waren froh, dass sie mit heiler Haut davongekommen waren, nachdem sie diese Burschen gesehen hatten.

»Ein Ochsenknochen in deren Mund«, erzählte einer, »war wie ein Kaninchenschenkel im Maul einer Katze. Und einen großen Zinnkrug voll Whisky hatten sie. Jeweils eine Flasche voll geht in ein solches Trinkgefäß. Ich glaube, am besten streichen wir seine Schulden. Stellt euch vor, wir schickten einen Gerichtsvollzieher hin. Der käme nicht heil davon. Und wir ... wir könnten dann zu allem auch noch die Witwenrente bezahlen. Nein, wir sollten besser seine Schulden streichen und ihm seinen Kredit gewähren.«

Und so kam es auch. Alle Schulden wurden gestrichen und Clanranald konnte weiter Geld aufnehmen und brachte damit den Bau des Großen Hauses bei Ormaclate zu Ende.

Geschichte von den Hebriden

Des Tinkers Hotel

Da war einmal ein Rechtsanwalt in Irland, der hieß O'Connell. Einmal wohnte er in einem Hotel eine Woche und als er abreisen wollte und die Rechnung bekam, stellte er fest, dass ihm der Hotelbesitzer zu viel berechnet hatte. Er bekam Streit mit dem Mann, aber er musste zahlen, ehe er zur Tür herauskam.

Er ging schließlich und auf der Straße traf er einen Tinker[11]. Er sprach ihn an und fragte ihn, wo sein Zuhause sei, und der Tinker antwortete höflich, er habe keine andere Bleibe als ein Zelt.

»Und wie viele wohnen da noch mit dir zusammen?«, fragte O'Connell.

»Alle zusammen sind wir zwölf«, sagte der Tinker.

»Wenn du genau tust, was ich dir sage, bekommt ihr alle ein schönes Zuhause.«

»Nur zu«, sagte der Tinker.

»Also, dann komm mit.«

Er führte den Tinker in die Werkstatt eines Schneiders und ließ ihm einen schönen Anzug anmessen.

»Jetzt geh«, sagte O'Connell darauf zu ihm, »zu dem und dem Hotel und frage nach dem besten Zimmer und was es kosten würde, wenn man es für ein Jahr mietet. Nimm das Zimmer und dann komm wieder her.«

Der Tinker, der jetzt wie ein vornehmer Herr aussah und nicht wie ein Vagabund, ging also hin, verlangte das beste Zimmer und bekam es auch.

»Nun«, sagte der Tinker, »ich werde mit meiner Familie hier einziehen. Was verlangt Ihr für ein Jahr?«

»Einhundert Pfund.«

---

11 Ein irisches fahrendes Volk, bedeutet aber auch Kesselflicker.

»In Ordnung«, sagte der Tinker, »ich nehme es, gebt es an niemand anderen.«

»Klar, es ist für euch reserviert.«

Der Tinker kam zu O'Connell.

»Was hat er verlangt?«

»Hundert Pfund.«

»Nicht gerade wenig!«

O'Connell zählte hundert Pfund ab, gab sie dem Tinker und hieß ihn, sobald er das Zimmer gezahlt habe, wieder zu ihm zurückzukommen.

Der Tinker ging also hin und sagte dem Hotelier, er wolle gleich für das Zimmer zahlen.

»Ach, das hat Zeit«, sagte der Hotelier.

»Kommen Sie, lassen Sie es mich gleich erledigen.«

»Na schön«, sagte der Hotelbesitzer und der Tinker gab ihm einhundert Pfund und kehrte dann zu O'Connell zurück.

»Hast du gezahlt?«

»Ja«, sagte der Tinker.

»So, nun zieh deine alten Kleider wieder an, hol deine Angehörigen und zieh mit ihnen in das Zimmer ein. Nun habt ihr für ein Jahr ein schönes Zuhause.«

Der Tinker rief seine Familie zusammen, die Großmutter auch und kam mit ihnen zum Hotel. Als der Hotelier ihn sah, sagte er, sie sollten sich alle zum Teufel scheren.

»Fort mit euch oder ich hole meine Flinte aus dem Schrank!«

Der Tinker schob ihn beiseite.

»Gehen Sie aus dem Weg«, sagte er, »ich habe für das Zimmer bezahlt.«

Der Tinker zog ein. Es dauerte nun nicht lange, da roch es im Hotel nach brennender Holzkohle und Hornlöffeln, die schmolzen. Die übrigen Hotelgäste liefen zum Hotelier und beschwerten sich. Was denn das für Leute seien, die jetzt bei ihm wohnten!

Der Hotelbesitzer suchte den Tinker auf und sagte, er werde ihm die hundert Pfund und noch fünfzig drauf geben, wenn er nur wieder ginge. Der Tinker lehnte ab. Die übrigen Gäste zogen aus. Der Hotelbesitzer wurde nahezu wahnsinnig. Für die Kellner und Hausdiener gab es nichts mehr zu tun. Immer wieder erschien der Hotelbesitzer beim Tinker und flehte ihn an auszuziehen.

Der Tinker lief zu O'Connell.

»Na«, sagte der, »wie geht's denn so?«

»Sehr gut, nur der Hotelbesitzer gibt keine Ruhe. Er will mir mein Geld zurückgeben und noch hundert Pfund drauflegen, wenn wir nur ausziehen.«

»Geh auf nichts ein und wenn er tausend Pfund bietet«, riet ihm O'Connell. »Bleib einen Monat dort, erst wenn er dann dreihundert Pfund bietet, ziehst du aus.«

Der Tinker kehrte also ins Hotel zurück und nach einem Monat sagte er zu dem Hotelier:

»Nun, da ich Euch solche Unannehmlichkeit bereite, werde ich ausziehen, wenn Ihr mir dreihundert Pfund gebt.«

»Oh, du Teufel«, sagte der Hotelier, »die hättest du schon längst bekommen können, sofern du nur mit deiner Familie ausziehst.«

Also nahm der Tinker die dreihundert Pfund und ging zu O'Connell.

»Gut«, sagte der, »du bist ausgezogen?«

»Ja«, sagte der Tinker, »aber nicht mit leeren Händen. Hier ist Euer Geld.«

»Na schön«, sagte O'Connell, »was ich dir gegeben habe, nehme ich zurück. Den Rest kannst du behalten, weil du getan hast, was ich dir gesagt habe.«

Kein Gentleman hat danach das Hotel wieder betreten. Es wurde von da an *Tinkers Hotel* genannt.

Geschichte von den Hebriden

Burke und Hare

In den alten Tagen, in denen die Ärzte und Studenten Leichen zum Sezieren brauchten, bot Doktor Knox im Cannongate in Edinburgh zehn Pfund und mehr für einen Toten. Eine große Anzahl von Erntearbeitern kam zu dieser Zeit aus Irland herüber und zwei von ihnen ließen sich in Tanner's Close, nahe dem Grass Market von Edinburgh, nieder. Die beiden hießen Burke und Hare. Sie waren Männer ohne jegliches menschliches Mitgefühl und bereit, für Geld alles zu tun. Burke war verheiratet und seine Frau hauste bei ihnen in ihren zwei dunklen und schmutzigen Löchern.

Eine junge Frau vom Land, die Magd bei einem Bauern gewesen war, wurde von ihren Eltern davongejagt und suchte Zuflucht in Edinburgh. Sie kam bei Leuten unter, die nicht weit von Tanner's Close wohnten. Ihr Name war Mary Paterson und sie geriet in schlechte Gesellschaft und fing bald an zu trinken. Ihr Herz war gebrochen und sie trank, um ihre Sorgen zu vergessen.

Als Burke und Hare hörten, dass Dr. Knox Leichen kaufe, gingen sie zu ihm und fragten ihn, was sich damit verdienen lasse, und er versprach ihnen zehn Pfund. Darauf trafen sie sich mit Mary Paterson in einer Schenke und Frau Burke lud Mary nach Tanner's Close auf ein Glas ein. Sie gingen mit ihr dorthin, gaben ihr Schnaps, bis sie betrunken war, dann warfen sie sie auf ein Bett und erdrosselten sie.

Sie schafften die Leiche zu Dr. Knox und bekamen ihre zehn Pfund. Nicht lange danach kam wieder einmal eine kleine Frau vom Land in die Stadt, um dort einzukaufen. Auch sie trank gern und wurde nach Tanner's Close eingeladen. Sie war eine helle, fröhliche Frau, die gern Lieder sang und dabei trank. Sie gaben ihr so viel, dass sie betrunken war, und brachten sie um, und es dauerte nun nicht lange, da betrieben Burke und Hare und Mrs Burke einen eifrigen Handel mit Leichen.

Zu dieser Zeit trieb sich ein Junge, der einfach Jimmy gerufen wurde, in den Straßen herum, auf der Suche nach einer Kruste Brot oder sonst irgendetwas, womit er seinen Hunger stillen konnte. Er kannte sich in der Stadt gut aus und war immer bereit, dort mit Hand anzulegen, wo es einen Penny zu verdienen gab.

Burke und Hare hatten häufig Leichen abzuschleppen, die am Tag zuvor unter die Erde gekommen waren. Sie hatten einen Karren gemietet, der von einem Esel gezogen wurde, und schafften wieder einmal eine Leiche durch die nächtliche Stadt, als das Zugtier seinen Geist aufgab. Sie fürchteten, entdeckt zu werden. Also spannten sie den toten Esel aus, legten sich selbst ins Geschirr und zogen so den Karren mit der Leiche nach Hause.

Kurz darauf fingen sie an, sich nach einem neuen Opfer umzusehen, und kamen auf die Idee, sie könnten es mit Jimmy versuchen. Der Junge war hungrig und sie baten ihn herein und fragten ihn, ob er eine Tasse Tee wolle. Nun, er sagte nicht nein. Sie gossen etwas Whisky in den Tee, aber Jimmy sagte ihnen, er möge keinen Whisky. Nur einen kleinen Tropfen, sagten sie. Burke war nicht dafür, sich an Jimmy heranzumachen, weil er fürchtete, man könnte ihn auf den Straßen vermissen, aber Hare warf den Jungen auf das Bett und wollte ihn erdrosseln. Doch Jimmy war stark und Hare schaffte es nicht, allein mit ihm fertig zu werden. Burke musste ihm zu Hilfe kommen und endlich brachten sie es gemeinsam dahin, dass der Junge seinen letzten Schnaufer tat. Tatsächlich wurde der Junge vermisst. Die Spur führte nach Tanner's Close. Die beiden Männer wurden verhört und angeklagt. Hare kam als Kronzeuge frei, doch die Polizei musste ihn schützen und er musste Edinburgh verlassen, sonst hätte die Menge ihn in Stücke gerissen. Er kehrte nach Irland zurück. Man sagte später, dass der junge Mann, der ihn schließlich ermordete, sein Sohn gewesen sei, der nicht wusste, dass sein Opfer sein Vater war.

Seit jener Zeit, in der sich diese Geschichte zutrug, wurden Friedhöfe nach einer Beerdigung eine gewisse Zeitlang bewacht.

In einer dunklen Nacht hielt vor einem Gasthof am Weg ein zweirädriger Wagen. Darinnen saßen zwei Männer und eine Frau. Die Frau saß zwischen den beiden Männern, eine Kapuze über dem Kopf und das Gesicht mit einem Schleier verhüllt. Die Männer stiegen aus, die Frau blieb sitzen. Die Männer gingen in den Gasthof, um etwas zu trinken. Ein Knecht hatte im Stall zu tun. Er beobachtete das merkwürdige Gefährt und als er sah, dass die Frau da ganz allein sitzen blieb, ging er hin und sagte: »Es ist eine kalte Nacht heute!«

Er bekam keine Antwort. Er sagte noch einmal etwas zu ihr und abermals antwortete sie nicht. Da sah er sie sich näher an und entdeckte, dass es eine Leiche war. Er stieg aus, nahm sie auf den Rücken und trug sie in den Stall, nahm ihr die Verkleidung ab und legte sie selbst an. Dann setzte er sich in den Wagen, steif aufrecht, gerade wie die Frau dagesessen hatte, und als die Männer herauskamen und ihre Plätze rechts und links wieder einnahmen, hielten sie ihn tatsächlich für die Frau. Nachdem sie eine Weile gefahren waren, sagte einer der Männer zu dem anderen: »Merkst du, wie warm der Leichnam ist?«

Der andere sagte: »Das ist mir auch gerade aufgefallen.«

Da begann der Knecht zu sprechen und sagte: » Wenn ihr so lange in der Hölle gewesen wäret wie ich, wäre euch auch warm!«

Das reichte. Die Männer sprangen aus dem Wagen und rannten um ihr Leben. Der Knecht sah sie nie wieder, er wendete den Wagen und fuhr zu dem Gasthof zurück. Er behielt Pferd und Wagen und niemand kam je, sein Eigentum zurückzufordern.

Geschichte aus Edinburgh

Lod

Es war einmal ein Bauer, der hatte einen Sohn, den man Lod nannte. Er war ein starker Bursche, der wusste, was er wollte. Eines Tages schickte ihn sein Vater mit einer großen Schüssel Haferbrei zu einer Gruppe von Männern, die Torf stachen, aber unterwegs verschüttete Lod den Brei, die Arbeiter blieben ohne Essen und beklagten sich bei dem Bauern, als sie am Abend heimkehrten.

Der Vater schimpfte Lod aus und sagte ihm, er solle auf der Stelle das Haus verlassen und über fünfundzwanzig Straßen ziehen und sehen, wie er in der Welt zurechtkomme, er wolle mit ihm nichts mehr zu schaffen haben.

»Wenn es so steht«, sagte Lod, »werde ich eben gehen. Ich bitte dich nur noch, dass du mir eine eiserne Keule gibst, damit ich mich auf meinen Wanderungen meiner Haut wehren kann.«

»Die sollst du haben«, sagte der Vater, ging stracks zu einem Schmied und ließ dort eine Keule machen, die war ein *stone*[12], das sind mehr als fünf Kilo, schwer.

»Das ist eine gute Keule für dich«, sagte er.

Lod griff sich die Keule und als er sie in die Hand nahm, brach sie sofort entzwei.

»Ach«, sprach er, »ich brauche eine Keule, die stark genug ist für mich.«

Also ging der Vater zurück zum Schmied und ließ eine zweite Keule machen, die hatte ein Gewicht von zwei *stone*.

---

12 Englische Gewichtseinheit, entspricht 6,35 kg.

»Die sollte nun aber gewiss stark genug sein«, sagte er, als er sie seinem Sohn gab.

Aber auch diese Keule brach sofort in zwei Teile, als Lod sie in die Hand nahm.

»Ach«, schimpfte Lod, »die taugt auch nichts. Ich brauche eine bessere.«

Die dritte Keule war dreieinhalb *stone* schwer und der Schmied sagte: »Eine stärkere Keule kann ich nicht machen.«

Doch auch diese Waffe zerbrach, als Lod sie zweimal durch die Luft schwenkte.

Der Vater ließ die beiden Teile beim Schmied wieder zusammenschweißen und sprach dann zu seinem Sohn: »Damit musst du nun auskommen. Ich bin es leid, dir ständig neue Keulen machen zu lassen.«

Dann nahmen sie Abschied und der Junge zog fort. Es dauerte nicht lange, da kam er an das Schloss eines Königs und erkundigte sich dort, ob man Arbeit für ihn habe.

»Was für Arbeit kannst du tun?«, fragte der König.

»Ich bin ein guter Kuhhirte«, antwortete Lod, »mein Leben lang habe ich Kühe hüten müssen.«

»Das trifft sich gut«, sagte der König, »mein Vieh kommt mir Stück um Stück abhanden. Und ich kann keinen Hirten finden, der ordentlich aufpasst. Willst du diese Arbeit übernehmen?«

»Das will ich gern, wenn du mir als Lohn das zahlst, was ich brauche. Ich verlange zehn Guineas im Jahr, einen Sack Mehl in der Woche und so viel Milch, wie ich brauche, um mir meinen Brei zuzubereiten. Ich esse zweimal am Tag, am Morgen und am Abend. Ich brauche ein Haus, in dem ich allein wohnen kann, einen Ofen und ein Bett.«

»Nun«, sagte der König, »du verlangst ziemlich viel. Aber da es sich nicht um eine gewöhnliche Herde handelt, sollst du es haben und wir wollen es für ein halbes Jahr zu diesen Bedingungen miteinander versuchen.«

Also trat Lod in die Dienste des Königs und übernahm dessen Herde. Am nächsten Tag stand er zeitig auf, nahm seine Keule unter den Arm und ging auf die Weide. Während die Kühe auf dem hügeligen Grasland ihr Futter suchten, begann Lod in einem Dornendickicht Feuerholz zu sammeln.

Plötzlich hörte er Schritte und sah einen schrecklichen Riesen auf sich zukommen.

»Was treibst du hier, du Däumling?«, brüllte der Riese.

»Ach, guter Mann!«, sagte Lod. »Jagen Sie mir doch nicht solche Angst ein. Ich sammle hier nur Feuerholz. Wenn Sie es auf die Rinder abgesehen haben, die ich hüte, so nehmen Sie sie und lassen Sie mich in Frieden.«

Der Riese ging, fing sich die schwerste und fetteste Kuh aus der Herde, band ihre vier Beine mit einem Seil aus Heidekraut zusammen und dann rief er Lod zu: »Komm her und heb sie mir auf den Rücken.«

»Ach«, sagte Lod, »ich habe Angst, dir zu nahe zu kommen.«

»Mach dir keine Sorgen. Ich tu dir nichts«, entgegnete der Riese.

Also ging Lod zu dem Riesen hin und sagte: »Du solltest besser deinen Kopf unter den Bauch der Kuh stecken, und ich helfe dann von hinten, damit du sie auf den Rücken bekommst.«

Kaum hatte der Riese Lods Rat befolgt, da ging Lod von hinten mit seiner Keule auf ihn los. Er machte die Kuh los, schlug dem Riesen den Kopf ab und hängte ihn zwischen die grünen Blätter eines Baumes. Die Leiche des Riesen aber warf er in ein altes Torfloch.

Für den Rest des Tages blieb Lod mit seinen Tieren unbehelligt und am Abend brachte er die Herde vollständig heim. Der König, der ihm auf dem Heimweg begegnete, war erstaunt und sprach: »Wie hast du es geschafft, alle Tiere sicher heimzubringen?«

»Ich hab's geschafft. Warum auch nicht?«, sagte Lod.

Er sagte dem König nicht, was geschehen war, und behielt sein Abenteuer für sich.

Am nächsten Tag stand er wieder zeitig auf und ging hinaus auf die Weide zu seinen Rindern. Kaum hatte er wieder das Dickicht betreten, wo er Holz sammeln wollte, da kam abermals ein Riese daher, der sah noch stärker aus als der vom Vortag.

»Was machst du denn hier, du Dreikäsehoch?«, bellte der Riese.

»Ich suche Feuerholz«, erwiderte Lod, »versuchen Sie nur nicht, mir einen Schreck einzujagen. Es gibt wenig, was mir einen Schreck einjagen könnte.«

»Hast du gestern zufällig einen Mann gesehen, der mir ähnlich sieht?«, fragte der Riese und runzelte die Stirn, »meine Mutter hat nämlich ihren jüngsten Sohn verloren.«

»Ich habe nichts gesehen«, sagte Lod, »ich war gestern gar nicht hier. Wenn du es auf eine meiner Kühe abgesehen hast, so suche dir nur die fetteste heraus und mach dich mit ihr davon.«

Der Riese schlug die beste Kuh aus der Herde zu Boden, fesselte ihr die Beine mit einem Seil und dann sagte er zu Lod: »Nun hilf mir, damit ich das Vieh auf den Rücken nehmen kann.«

»Oh nein«, sagte Lod, »da fürchte ich mich.«

»Ach was«, sagte der Riese, »ich tu dir nichts.«

Und dann kam alles, wie es schon am ersten Tag gekommen war. Bald hing der Schädel des toten Riesen in den Zweigen und seine Leiche lag in einer Torfgrube, wo niemand, der vorbeikam, sie entdeckt hätte.

Als Lod an diesem Abend nach Hause kam, vertrat ihm der König den Weg und war sehr erstaunt, als sein Hirte alle Rinder heil und gesund heimbrachte.

»Gewiss«, sagte der König, »hast du heute in den Hügeln drüben etwas Aufregendes erlebt?«

»Was soll ich erlebt haben?«, fragte Lod, »dort drüben ist

nur Heide, Wald, Torf und Moos. Was soll man da schon groß erleben.«

»Nun«, sprach der König, »du bist ein guter und geschickter Hirte. Nie zuvor ist es vorgekommen, dass einer stets die ganze Herde heimgebracht hat.«

Auch am dritten Tag erschien wieder ein Riese und Lod übertölpelte ihn und nun hingen schon drei Köpfe in den Zweigen und drei Leichen lagen in der Torfgrube.

»Es kann nicht sein«, sagte der König abends, »dass du mir heute nichts zu erzählen hast.«

»Nun«, sprach Lod, »der Torf raucht, auf dem Gebirge wachsen Eschen und wildes Senfkraut, ... falls du das noch nicht weißt.«

»Du bist wirklich der beste Hirte im Land und den Lohn wert, den ich dir zahle«, sagte der König.

Als Lod am nächsten Morgen aufstand, sprach er bei sich: »Ich bin ja gespannt, was mir heute oben in den Hügeln widerfährt. Einen Riesen, noch größer als einer von den drei anderen, kann es ja eigentlich nicht geben.«

Er trieb also sein Vieh auf die Weide und ging in das Dickicht, um Feuerholz zu suchen. Es dauerte nicht lange, da wehte ein starker Luftzug über die Berge. Es war dies aber nicht der Wind, sondern der Atem einer großen grauen Hexe, die plötzlich in der Luft über Lod auftauchte und ihre klauenartigen Finger nach ihm ausstreckte. »Hier steckst du also, du Schurke, du Bösewicht. Du hast meine drei Söhne getötet. Jetzt bin ich gekommen, um an dir Rache zu nehmen.«

Damit packte sie ihn und wie zwei Ringer gingen sie beide kämpfend zu Boden. Über weiches und hartes Gelände rollten sie, verklebt von Torf und Blut bei ihrem Ringen. Und die alte Hexe war so stark, dass Lod mehr als einmal um sein Leben fürchtete. Aber dann kam der Augenblick, wo er sich gewaltig anstrengte, die Hexe hochhob, ihr Arme und Beine brach und sie flach auf den Boden warf.

»Nun, alte Hexe, was für ein Lösegeld gibst du mir, wenn ich deinen Qualen ein Ende mache?«, fragte er.

»Ich gebe dir etwas, was groß und nicht klein ist«, antwortete sie. »Es ist eine Truhe voll Gold und eine Truhe voller Silber, die unter der Schwelle meiner Höhle dort drüben liegen.«

»Besten Dank«, sagte Lod, »und nun sollst du nicht länger leiden.«

Darauf schlug er ihr den Kopf ab und hängte ihn neben die Schädel ihrer Söhne in die Zweige, ihren Leib aber warf er in die Torfgrube.

An diesem Abend hielt ihn der König an, als er zurückkam, und sagte: »Gewiss hast du heute draußen auf der Weide ein Abenteuer erlebt?«

»Die Formen der Hügel, der grüne Rasen und die Lerchen über den Feldern waren nicht anders als sonst auch«, antwortete Lod. »Nichts von Bedeutung weiß ich dir zu berichten.«

»Ach«, sagte der König, »du bist ein großartiger Bursche, wenn ich dich nur schon eher zum Hirten bestellt hätte, viel Ärger wäre mir erspart geblieben.«

Am anderen Tag brauchte sich Lod zum ersten Mal, seitdem er im Dienste des Königs stand, mit niemandem herumzuschlagen und als er heimkam, war er sehr erstaunt, dass der König ihm heute nicht entgegenkam und ihn nicht befragte, ob er auf dem Feld ein Abenteuer erlebt habe.

Aber als er das Schloss erreichte, fand er alle Leute weinend vor und sie klagten über das schreckliche Schicksal der Königstochter. Lod hörte, dass während des Tages ein großer Riese mit drei Köpfen zum Schloss gekommen war (man muss dabei bedenken, dass es damals noch von Riesen nur so wimmelte). Er hatte gedroht, einen jeden im Land zu töten, wenn man ihm nicht die Prinzessin ausliefere. Er war dann wieder gegangen, hatte aber geschworen, er werde seine Drohung bestimmt wahr machen, wenn man die Prinzessin nicht bis zum Abend in seine Höhle bringe.

Nach langem Überlegen hatte der König sich entschlossen, seine Tochter zu dem Riesen zu schicken. Er hielt dies für seine Pflicht, um sein Volk zu retten. Die Vorbereitungen waren schon in vollem Gange. Ganz zuletzt aber hatte der schielende und rothaarige Koch des Königs den Einfall, aus der ganzen Sache noch gutes Kapital zu schlagen, und er versprach, die Prinzessin zur Höhle des Riesen zu begleiten.

»Ich werde den Riesen töten«, sprach er zum König, »wenn Ihr mir später die Prinzessin zur Frau gebt.«

Der König war nicht sehr erbaut darüber, einen schielenden und rothaarigen Koch zum Schwiegersohn zu bekommen, aber was sollte er machen? Er hatte eingewilligt. Und kurz bevor Lod aus den Bergen heimkam, war der Koch mit der Prinzessin aufgebrochen. Nun war Lod seit dem Augenblick, da er sie einmal durch das Fenster des Schlosses kurz gesehen hatte, in die Prinzessin verliebt. Als er nun hörte, in welcher Gefahr sie schwebte, machte er sich auch sogleich auf den Weg zu der Höhle. Unter dem Arm trug er seine schwere Keule.

Als er die Höhle erreichte, sah er die Prinzessin zitternd dort stehen, während der schielende, rothaarige Koch, der ein großer Feigling war, sich hinter einem Stein versteckt hatte.

»Oh!«, rief die Prinzessin, als sie Lod sah, »warum bist du nur hergekommen? Ist es nicht genug, wenn der Riese mich nimmt? Willst auch du noch von ihm getötet werden?«

»Was das angeht«, sagte Lod, »so ist er auch nicht allmächtig und ich habe einige Erfahrung im Umgang mit solchen Burschen.«

In diesem Augenblick erhob sich drinnen in der Höhle ein furchtbares Gebrüll und der Riese selbst trat heraus: ein gewaltiger Mann, mit Fellen bekleidet und mit drei Köpfen auf seinem dicken Nacken.

Als er ins Freie trat, war er zunächst von der Helligkeit etwas geblendet und sofort sprang Lod auf ihn zu und hieb ihm die drei Köpfe ab. Das war das Ende des Riesen. Die Gewalt, mit der Lod zugeschlagen hatte, war so groß, dass er selbst hinstürzte und sich am Arm verletzte, und die Prinzessin verband ihn mit einem Streifen Tuch, den sie von ihrem Kleid abriss. Sie war außer sich vor Freude über ihre Rettung und schlug Lod vor, sofort mit ihr zum Schloss zu eilen, wo sie seine Frau werden wollte. Aber Lod war nach dem Tag auf dem Feld und dem Kampf mit dem Riesen ziemlich müde. Also sagte er der Prinzessin, er werde erst ein kurzes Schläfchen tun, legte sich ins Gras und schloss die Augen.

Die ganze Zeit hatte der schielende, rothaarige Koch in seinem Versteck gesessen. Kaum aber war Lod eingeschlafen, da nahm er die drei Köpfe des Riesen und fasste die Prinzessin beim Handgelenk. Vergebens versuchte sie, sich zu befreien und Lod zu Hilfe zu rufen. Lod schlief tief. Ob sie wollte oder nicht, sie musste dem Koch zum Schloss folgen. Dort legte er die drei Köpfe dem König vor die Füße, behauptete, er habe die Prinzessin gerettet, und verlangte, der König möge nun sein Versprechen erfüllen. Was blieb dem König anderes übrig? Der Hochzeitstag wurde festgesetzt.

Es war ein großes Hochzeitsfest und als alle Gäste versammelt waren, schaute der König in die Runde, um zu sehen, ob auch nichts fehle. Plötzlich runzelte er die Stirn.

»Ein Mensch fehlt!«, rief er, »wo ist mein Rinderhirt?«

»Hier bin ich«, kam eine Stimme von der Türschwelle und dort stand Lod, schaute den Schurken von Koch böse an und kam langsam auf ihn zu.

Der Koch wurde bleich vor Furcht, wie er da auf dem Stuhl des Bräutigams saß.

»Oh, lieber Vater, es war dieser Mann dort, der mich vor dem Riesen errettet hat und nicht der Koch«, sagte die Prinzessin. »Ich wusste, dass er kommen würde, um mich zu heiraten.«

»Was für einen Beweis gibt es für diese Behauptung?«, sagte der König.

Da stand die Prinzessin von ihrem Platz auf und trat auf Lod zu, um dessen Arm immer noch der Fetzen Stoff gewickelt war, den sie von ihrem Kleid abgerissen hatte. »Diese Wunde empfing er, als er dem Riesen die Köpfe abschlug, und ich habe sie verbunden«, rief sie, und dann ließ sie das Kleid hereinbringen, das sie an jenem Tag getragen hatte, und tatsächlich, da fehlte das Stück Stoff.

Da erkannte der König, dass sie die Wahrheit sagte, und nachdem der Koch davongejagt worden war, machten Lod, der Bauernsohn, und des Königs Tochter Hochzeit.

Nachdem die Feiern vorbei waren, nahm Lod seine Frau und den König zu der Stelle mit, an der er die Rinder gehütet hatte, und zeigte ihnen die Schädel der drei Riesen und der alten Hexe in den Zweigen des Baumes. Und es dauerte lange, bis der König alle Abenteuer angehört hatte, die Lod bestanden hatte, seit er in den Dienst des Königs getreten war.

Sie holten dann noch die Truhe mit Gold und die Truhe mit Silber, die unter der Schwelle der Höhle vergraben lagen, und lebten in Saus und Braus für den Rest ihrer Tage, und wenn sie nicht gestorben sind, so leben sie heute noch.

Geschichte aus den Lowlands

Der König, der
seine Tochter heiraten wollte

Es war einmal ein König. Er heiratete und hatte eine einzige Tochter. Als seine Frau starb, wollte er keine andere heiraten, es sei denn, es passten ihr die Kleider der Königin. Eines Tages kam nun die Tochter, legte die Kleider der Mutter an und kam dann, um dem Vater zu zeigen, wie gut sie ihr passten. Sie standen ihr tatsächlich ausgezeichnet. Als dies der Vater sah, sprach er, er wolle keine andere Frau heiraten, nur sie. Das Mädchen lief weinend zu ihrer Amme und ihre Ziehmutter sprach zu ihr: »Was ist denn mit dir?«

»Mein Vater will mich heiraten«, antwortete das Mädchen. Da riet ihr die Amme, sie solle ihm sagen, sie werde ihn erst dann heiraten, wenn er ihr ein Kleid aus Schwanenfedern schenke.

Er zog aus und nach Jahr und Tag kam er und brachte tatsächlich ein solches Gewand. Das Mädchen lief wieder zur Amme und klagte ihr ihr Leid und die Frau sprach: »Sag ihm, du würdest ihn erst heiraten, wenn er für dich ein Kleid aus Ginster aus dem Moor besorgt hat.«

Er zog abermals aus und nach Jahr und Tag brachte er ihr auch ein solches Kleid.

»Nun sag ihm«, sprach die Ziehmutter, »er müsse dir ein Seidenkleid bringen mit Fäden von Gold und Silber.«

Nach Jahr und Tag kam er auch mit diesem Kleid.

»Jetzt verlange von ihm ein Paar Schuhe, der eine Schuh golden und der andere silbern«, riet ihr die Amme.

Der König brachte wiederum das Gewünschte.

»Nun heiße ihn, eine Kiste zu bringen, die man von außen und innen abschließen kann und bei der es auch gleich ist, ob sie auf See treibt oder auf dem Land steht.«

Als der König auch diese Kiste herbeigeschafft hatte, stieg das Mädchen in die Kiste, sie nahm ihre und die besten Kleider ihrer Mutter mit und hieß ihren Vater, sie ins Meer zu werfen, damit sie sehe, ob die Kiste wirklich auch schwimme. Der Vater tat wie ihm geheißen. Da kam eine Welle und die Kiste wurde so weit fortgetrieben, bis der König sie nicht mehr sehen konnte.

Auf der anderen Seite des Meeres trieb sie an den Strand. Ein junger Hirte kam vorbei. Er machte sich an der Kiste zu schaffen und wollte sie aufbrechen, um zu schauen, was darin sei. Da rief das Mädchen in der Kiste: »Tu das nicht. Sag deinem Vater, er soll herkommen. Er wird etwas finden, was sein Leben verändert.«

Der Mann kam und nahm das Mädchen mit in sein eigenes Haus. Er war Hirte beim König und des Königs Haus war nahebei.

»Könnte ich nicht versuchen in dem großen Haus dort drüben Magd zu werden?«, fragte die Königstochter.

»Sie brauchen keine«, sagte der Hirte, »höchstens jemanden, der dem Koch hilft.«

Nun, das war ihr auch recht. Der Hirte sprach für sie und sie wurde Küchenmagd. Einmal, als alle zur Kirche gehen wollten, fragten sie die Leute im Haushalt des Königs, ob sie auch mitkomme. Nein, sagte sie, sie habe noch ein kleines Brot zu backen. Deshalb bleibe sie daheim.

Als die anderen fort waren, lief sie zum Haus des Hirten hinüber, wo immer noch die Kiste stand. Sie holte das Kleid aus Schwanenfedern heraus. Sie zog es an. Dann ging sie in die Kirche und setzte sich dem Königssohn genau gegenüber. Der Prinz verliebte sich sofort in sie. Sie verließ die Kirche allerdings wieder, kurz bevor der Gottesdienst zu Ende war; sie lief zum Haus des Hirten, wechselte die Kleider und kehrte dann in die Küche des Königspalastes zurück.

Als die anderen heimkamen, redeten sie von nichts anderem als von der schönen Frau, die in einem Kleid aus Schwanenfedern erschienen war. Niemand kannte sie.

Am nächsten Sonntag kam alles wieder genauso. Als die anderen zur Kirche aufbrachen, sagte sie, sie müsse noch Brot backen. Diesmal legte sie im Haus des Hirten das Kleid aus Ginster an und wie am Sonntag zuvor setzte sie sich in der Kirche so, dass der Prinz gar nicht anders konnte, als sie während des ganzen Gottesdienstes anzuschauen. Wieder verließ sie die Kirche vor den anderen und wieder war, als die Leute heimkamen, unter ihnen von nichts anderem die Rede als von der Frau in dem Kleid aus Heideginster.

Dann kam der dritte Sonntag. Wieder blieb sie daheim, und als die anderen fort waren, lief sie geschwind zum Haus des Schäfers nebenan. Diesmal legte sie das lange Kleid mit den Gold- und Silberfäden an und dazu das Paar Schuhe, bei dem der eine Schuh aus Gold, der andere aus Silber war. An jenem Tag hatte der Königssohn Wachen aufstellen lassen und als sie diese beim Hinausgehen bemerkte, wurde sie aufgeregt und blieb mit einem ihrer beiden Schuhe in einer Ritze im Pflaster stecken.

Der Königssohn sagte: »Die Frau, die den anderen Schuh des Paares anhat, werde ich heiraten.«

Viele Mädchen und Frauen probierten den Schuh, der in der Ritze stecken geblieben war, an. Bei keiner passte er. Sie hackten sich die Zehenspitzen und die Fersen ab, aber das half auch nichts. Auf der Spitze eines Baumes saß ein kleiner Vogel, der sang immer, wenn wieder einmal eine zur Anprobe kam:

»Hier die: Das ist nicht sie!
Schaut nur in die Küch' hinein,
dort wird sie am Schaffen sein.«

Als schon ein paar hundert Mädchen gekommen waren und keiner der Schuh gepasst hatte, wurde der Königssohn krank vor Verzweiflung. Da ließ sich seine Mutter endlich einmal in der Küche sehen und sprach zum Koch: »Lass deine Küchenhilfe einmal mitgehen zur Probe. Schaden kann es ja nichts!«

»Was Ihr nicht sagt«, meinte der Koch, »diese schmutzige, hässliche Küchenmagd. Ausgerechnet der soll der Schuh passen?«

Nun also, sie ging mit und kaum war der Schuh vor sie hingestellt worden, da sprang er an ihren Fuß und saß dort wie angegossen. Darauf sagte sie: »Was gebt Ihr mir, wenn ich Euch auch den zweiten Schuh zeige?«

Sie ging zum Haus des Schäfers, legte ein schönes Kleid an und die Schuhe. Und kaum hatte sie den Saal im Schloss betreten, da rief der Königssohn schon nach dem Pfarrer, damit der ihn mit dem schönen Mädchen traue.

Geschichte aus den Lowlands

Die Tochter des Riesen

Vor langer Zeit, als es noch Riesen gab, war da ein Prinz in Tethertown, der hatte den Namen Ian. Nun geschah es, dass bei der Jagd der Prinz auf einen Raben stieß, der von einer Schlange angegriffen wurde. Als der Prinz sah, dass es schlecht um den Raben stand, griff er sich seine Schleuder und schoss mit einem Stein auf den Kopf der Schlange. Das Untier sank leblos zusammen.

Zu Ians Verwunderung verwandelte sich der Rabe in eben dem Augenblick, da die Schlange starb, in einen hübschen jungen Mann mit glänzendem Haar und dunklen Augen, der ihn dankbar anschaute und sprach: »Tausend Dank dir, Königssohn, denn du hast den Rabenfluch gebrochen, der auf mir lag.«

Und er hielt Ian ein Bündel aus Tuch hin, darin war etwas eingebunden, das scharfe Kanten hatte.

»Nimm dieses Bündel«, fuhr der junge Mann fort, »geh deines Weges, aber denke daran: Du darfst dieses Bündel erst an jenem Platz öffnen, an dem du am liebsten wohnen würdest.«

Und mit diesen Worten verschwand er hinter dem Kamm des Gebirges.

Ian wandte sich heimwärts. Er war sehr neugierig, was wohl in dem Bündel stecken mochte. Es war sehr schwer und als er nach geraumer Zeit einen dunklen, dichten Wald erreichte, von dem aus es noch zwei Meilen bis nach Hause war, legte er das Bündel auf die Erde und wollte etwas rasten.

»Nun«, sagte er sich, »so schlimm wird's auch nicht werden, wenn ich das Bündel kurz öffne und nur einmal einen schnellen Blick auf das werfe, was drinnen ist.«

Und da er seine Neugierde nicht länger bezähmen konnte, knotete er das Bündel auf. Sofort wuchs zu seinem Erstaunen ein riesiges Schloss aus dem Bündel hervor. Dessen Türme reichten bis zu den höchsten Ästen der Bäume und um die Gebäude lagen schöne Gärten und Obstbäume.

Während Ian all das noch voller Bewunderung anstarrte, wurde ihm klar, welchen Streich ihm da seine Neugierde gespielt hatte.

»Wenn ich doch nur gewartet hätte, bis ich in der grünen Senke gewesen wäre, gegenüber dem Haus meines Vaters«, stöhnte er, »denn das wäre genau der Ort, an dem ich für immer wohnen möchte. Wenn ich das Schloss doch nur wieder in dem Bündel verstauen und es dorthin tragen könnte!«

In diesem Augenblick fuhr ein Windstoß durch die Bäume. Die Zweige zitterten, die Erde bebte und ein großer Riese mit rotem Haar und einem wild wuchernden Bart stand vor Ian.

»Du hast dir einen schlechten Platz ausgesucht, um dein Haus zu bauen, Königssohn!«, donnerte der Riese, »dieses Stück Grund und Boden gehört nämlich mir.«

»Ach, eigentlich wollte ich das Schloss gar nicht hier aufstellen«, erwiderte Ian, »ich schaffe es nur nicht, es wieder in dem Bündel zu verschnüren.«

Der Riese lachte in seinen wilden Bart und sprach: »Was bekomme ich als Belohnung, wenn ich dir das Schloss wieder in das Bündel stecken kann?«

»Was möchtest du denn als Belohnung haben?«, fragte Ian.

»Gib mir deinen erstgeborenen Sohn, sobald er sieben Jahre alt ist«, antwortete der Riese.

Nun hatte Ian weder Weib noch Kinder und so dachte er sich nichts weiter bei dieser Bitte.

»Wenn das alles ist, was du verlangst«, sagte er, »damit bin ich einverstanden.«

Auf der Stelle verstaute der Riese das Schloss mit allen Gärten und Obstbäumen wieder in dem Bündel und Ian machte sich auf den Heimweg.

Sobald er in der schönen grünen Senke gegenüber dem Haus seines Vaters angekommen war, öffnete er das Bündel wieder, und tatsächlich, an der Stelle, an der er sich am meisten zu wohnen gewünscht hatte, wuchs das Schloss auf, genau wie zuvor am falschen Ort.

Voller Freude ging Ian durch das Tor und drinnen begegnete er einer hübschen, jungen Frau, die ihn anlächelte und sagte: »Tritt näher, Königssohn. Alles ist bereit. Noch heute Nacht werden wir Mann und Frau.«

Ian war ganz damit zufrieden, eine so schöne Frau zum Eheweib zu bekommen, und so wurden sie auf der Stelle getraut und lebten auf dem neuen Schloss in Frieden und Glück. Als der alte König starb; wurde Ian statt seiner König zu Tethertown. Bald wurde dem neuen König und der Königin ein Sohn geboren, aber nie dachte Ian mehr an das übereilte Versprechen, das er dem Riesen im Wald gemacht hatte – bis schließlich sieben Jahre vergangen waren und ein Wind die Bäume im Obstgarten zauste, die Erde bebte und der Riese sich dem Schloss näherte, um seine Belohnung einzustreichen.

»Was will dieser schreckliche Mann mit dem feuerroten Haar und dem wilden Bart von uns?«, fragte die Königin, als sie aus dem Fenster sah.

»Er ist gekommen, unseren erstgeborenen Sohn zu holen«, erwiderte Ian.

Und traurig berichtete er von dem, was zwischen ihm und dem Riesen vereinbart worden war.

»Überlass das nur alles mir«, sagte die Königin, als sie die Geschichte hörte, »ich will mir schon etwas ausdenken, damit wir bei diesem üblen Geschäft ungeschoren davonkommen.«

Unterdessen begann der Riese draußen zu murren und jeden Augenblick wurde seine Stimme zorniger. Ian rief ihm zu: »Nur Geduld. Mein Sohn wird gleich bei dir sein. Seine Mutter macht ihn nur noch reisefertig.«

Da rief die Königin den Sohn des Kochs zu sich. Er war im selben Alter wie der junge Prinz und sie glaubte, den Riesen leicht täuschen zu können, wenn sie ihn statt ihres eigenen Sohnes hinschicken würde. Sie gab ihm die Kleider des kleinen Prinzen und dann wurde des Kochs Sohn hinausgeschickt, um sich dem Riesen zu stellen.

Der aber war mit dem Jungen noch nicht weit gegangen, als er sich davon zu überzeugen gedachte, ob das wirklich der junge Prinz sei. Er brach eine Rute von einem Haselstrauch, gab sie dem Jungen und sagte: »Wenn nun dein Vater diese Rute in den Händen hätte, was würde er damit anfangen?«

»Nun«, antwortete der Sohn des Kochs, »er würde die Hunde und Katzen verprügeln, wenn sie den Kochtöpfen, in denen das Fleisch für den König brät, zu nahe kämen.« Da wusste der Riese, dass dies gewiss nicht des Königs Sohn war, und er schickte den Jungen voller Wut zum Schloss zurück. Als der König und die Königin ihn kommen sahen, erkannten sie, dass ihre Täuschung durchschaut worden war. Aber die Königin gab so leicht nicht auf. Sie rief den Sohn ihres Butlers. Auch er war sieben Jahre alt und während der Riese draußen ungeduldig wartete, drückte ihm die Königin Kleider des jungen Prinzen in die Hand und hieß ihn, sich rasch umzuziehen. Und dann schickte sie ihn zu dem Riesen. Wiederum nach einer Weile wollte sich der Riese vergewissern, dass es nun wirklich der junge Prinz war, der da mit ihm lief. Also gab er dem Jungen abermals den Haselstecken und sagte: »Wenn dein Vater diesen Stecken in der Hand hätte, was würde er damit machen?«

»Nun«, antwortete des Butlers Sohn, »er würde die Hunde und Katzen prügeln, die des Königs Gläser und Flaschen zu nahe kommen.«

Da wusste der Riese, dass auch dies nicht des Königs Sohn war, und er kehrte mit verdoppelter Wut zum Schloss zurück.

»Gib mir deinen Sohn«, rief er mit so lauter Stimme, dass die Turmspitzen des Schlosses zu wackeln begannen, »wenn ihr noch einmal versucht, mich an der Nase herumzuführen, wird der höchste Stein deines großen Hauses bald sehr tief unten liegen!«

Traurig rief jetzt die Königin den jungen Prinzen, der mit einem kleinen Hündchen im Schlosshof spielte, und lieferte ihn an den Riesen aus. Und als dieser sah, wie der Junge ging und sich benahm, hatte er keinen Zweifel mehr daran, dass dies nun wirklich und wahrhaftig des Königs Sohn war.

Zusammen reisten sie über eine weite Strecke, bis sie zu dem Haus des Riesen kamen, das neben einem dunklen See lag. Dort wurde der Prinz ganz freundlich willkommen geheißen und als die Jahre vergingen, wuchs er zu einem kräftigen und hübschen jungen Burschen heran.

Nun geschah es, dass der Prinz, als er eines Morgens von der Jagd zum Haus des Riesen zurückkehrte, jemanden singen hörte und als er in die Richtung schaute, aus der der Gesang kam, erkannte er am obersten Fenster ein schönes Mädchen mit rotgoldenem Haar.

»He«, rief er, »wer bist du denn?«

Und er spürte, wie eine unbekannte Erregung durch seinen Leib fuhr.

»Ich bin die Tochter des Riesen«, erwiderte das Mädchen, »ich habe dich schon oft beobachtet, wie du so im Haus meines Vaters umhergegangen bist.«

Da gestand ihr der Prinz seine Liebe und des Riesen Tochter sagte ihm, sie wolle nur zu gern seine Frau werden.

»Jetzt aber hör mir gut zu«, fuhr sie dann fort, »denn davon kann unsere Zukunft abhängen. Morgen früh wird dir mein Vater anbieten, eine meiner beiden älteren Schwestern zu heiraten. Du musst sie beide ausschlagen und erklären, du wollest die jüngste Tochter zur Frau nehmen. Da wird er sehr wütend werden, aber mach dir nichts daraus, und überlass alles Weitere nur mir, dann wird es schon gut werden.« Und tatsächlich, am nächsten Tag rief der Riese den Prinzen zu

111

sich und sagte, er solle eine von seinen beiden ältesten Töchtern zur Frau wählen. Wie ihm seine Liebste geraten hatte, sprach der Prinz: »Es ist deine jüngste Tochter, die ich heiraten möchte.«

Der Riese schäumte nur so vor Wut, denn die jüngste Tochter war sein größter Schatz und er wollte sie einem König, der in der Nähe wohnte, zum Weibe geben. Er bedachte sich, wie er dem Prinzen seinen unverschämten Vorschlag heimzahlen könne, lächelte verschlagen in seinen Bart und sprach dann: »Was du dir da wünschst, Prinz, ist sehr kühn. Meine jüngste Tochter ist ein Schatz, den man nicht so leicht gewinnt. Willst du sie heiraten, so musst du erst drei Aufgaben erfüllen. Versagst du auch nur bei einer, so verlierst du nicht nur deine Braut, sondern auch dein Leben. Was sagst du dazu? Willst du wirklich dein Leben wagen, um ihr Herz zu gewinnen?«

»Mit Freude«, entgegnete der Prinz, »denn ein Leben ohne Glück in meinem Herzen ist so wertlos wie ein Feuer, das nicht brennt.«

Am nächsten Tag, ehe der Riese auf die Jagd ging, stellte er dem Prinzen die erste Aufgabe. Er sollte die große Jauchegrube leeren. Sie befand sich auf dem Hof und hatte über sieben Jahre hin den Dung von mehr als hundert Kühen aufgenommen. »Und wenn ich am Abend heimkomme«, sagte der Riese, »muss die Jauchegrube so sauber sein, dass man einen goldenen Apfel vom einen Ende zum anderen rollen kann, ohne ihn zu beschmutzen. Wenn dem nicht so ist, werde ich an deinem Blut meinen Durst löschen.«

Der Prinz dachte über diese Worte nach und es wurde ihm angst und bange. Aber am nächsten Morgen stand er zeitig auf und begann, die Sache anzugehen. Es war ziemlich hoffnungslos, aber er wollte es wenigstens versuchen. Kaum war der Riese aus dem Haus und zur Jagd, da kam die jüngste Tochter angesprungen und tröstete den Prinzen: »Hab ich dir nicht gesagt, alles werde gut werden? Mach dir keine Sorgen, leg dich in den Schatten des großen Baumes neben der Tür und schlafe ruhig noch eine Weile.«

Der Prinz tat wie ihm geheißen und fiel im Schatten des Baumes in einen tiefen Schlaf. Erst gegen Abend erwachte er. Die Tochter des Riesen war nicht mehr da, aber die Jauchegrube war leer und so sauber, dass man einen goldenen Apfel vom einen Ende zum anderen rollen konnte, ohne dass man hätte befürchten müssen, er werde schmutzig werden.

Bald darauf kam der Riese zurück. Als er sah, dass der Prinz die Erste der Aufgaben ausgeführt hatte, runzelte er seine Augenbrauen und sprach: »Wie das zugegangen ist, kann ich mir zwar nicht erklären. Aber da es geschehen ist, muss ich dir eine zweite Aufgabe stellen.«

Und er erklärte dem Prinzen, er müsse die Jauchegrube mit den Federn von einer Million Vögeln abdecken, aber keine zwei Federn dürften von derselben Farbe sein. »Und wenn du damit nicht fertig bist, wenn ich abends zurückkomme, dann werde ich meinen Durst mit deinem Blut stillen.«

Sobald am nächsten Tag die Sonne aufging, zog der Prinz ins Moor. Mit wenig Hoffnung im Herzen, aber mit Pfeil und Bogen, um Vögel zu schießen und von ihnen jene Federn zu bekommen, die er für seine zweite Aufgabe brauchte. Er hatte Pech und bis zum Mittag hatte er nur zwei Amseln geschossen, deren Federn noch dazu dieselbe Farbe hatten. Da kam die Tochter des Riesen angesprungen und sprach ihm Mut zu: »Hab ich dir nicht gesagt, alles werde gut enden? Mach dir keine Sorgen. Leg dich ins Heidekraut und schlaf.«

Der Prinz tat wie ihm geheißen und dachte: Ich schlafe meinem Tod entgegen.

Er wachte erst wieder auf, als die Dunkelheit sich über das Moor senkte. Von der Tochter des Riesen fehlte jede Spur, aber als er nach Haus kam, sah er zu seinem Erstaunen, dass das Dach über der Jauchegrube in einer Million verschiedener Farbtöne glänzte und mit einer Million Vogelfedern gedeckt war.

Als der Riese sah, dass der Prinz auch mit der zweiten Aufgabe zu Rande gekommen war, entbrannte er in noch größerem Zorn als zuvor.

»Wie das geschah, weiß ich nicht«, sagte er, »aber da es geschehen ist, muss ich dir nun eine dritte Aufgabe stellen.«

Und er befahl dem Prinzen, bis zum Abendessen am nächsten Tag die Elsterneier aus dem Nest auf einem Fichtenstamm, der am Rande des Sees stand, zu holen. Am nächsten Morgen war der Prinz schon wieder zeitig auf den Beinen. Er ging zum Seeufer hinab. Still lag das Wasser, über dem noch die Morgennebel schwebten. Die höchsten Zweige des Fichtenbaumes schienen den Himmel zu streifen und ganz, ganz weit oben sah er im Grün der Nadeln einen kleinen Gegenstand. Das war das Nest der Elster. Vom Boden bis zum ersten Ast des mächtigen Baumes waren es fünfhundert Fuß. Vergebens versuchte der Prinz am Stamm hinaufzuklettern. Er zerriss sich die Hände und wurde müde und fühlte sich ganz zerschlagen. Gegen Mittag kam die Tochter des Riesen, aber diesmal hieß sie den Prinzen nicht, sich schlafen zu legen.

Stattdessen brach sie einen ihrer Finger nach dem anderen ab und steckte sie in den Stamm. So entstand eine Leiter, über die der Prinz bis zur Spitze des Baumes gelangen konnte. Aber als er im Wipfel oben herumkletterte und die Eier einsammeln wollte, hörte er unten das Mädchen rufen: »Beeil dich. Mein Vater kommt heim. Ich spüre seinen Atem schon auf meinem Rücken.«

Weil der Prinz es nun so eilig hatte, brachte er zwar die fünf Eier wohlbehalten herunter, aber er vergaß, den kleinen Finger von der linken Hand des Mädchens ganz oben am Stamm wieder herauszunehmen.

»Bring die Eier rasch zu meinem Vater«, sagte die Tochter des Riesen, »heute Nacht will ich deine Frau werden, sofern du mich nur wiedererkennst. Mein Vater wird uns drei Mädchen in Kleider stecken, die vollkommen einander gleichen, und unsere Gesichter werden verschleiert sein. Wenn das Hochzeitsessen vorbei ist, wird er zu dir sagen: ›Geh zu deinem Weib, Prinz‹, dann musst du von den dreien jene wählen, der an der linken Hand der Finger fehlt.«

Außer sich vor Freude, dass er die drei Aufgaben nun alle gelöst hatte, eilte der Prinz mit den fünf Elsterneiern zum Riesen. Zornig nahm der Riese sie ihm ab, aber dann versuchte er, seine Wut zu verbergen, so gut das eben ging, und befahl, ein großes Hochzeitsfest auszurichten.

»Heute Nacht wird sich das Glück deines Herzens erfüllen, Königssohn«, sagte der Riese und lächelte dabei verschlagen in seinen roten Bart, »sofern du deine Braut nur erkennst.«

Als das Fest vorbei und die überhäuften Teller wieder leer waren, als die überschäumenden Gläser ausgetrunken und der letzte Tropfen Ale durch die Kehlen geronnen war, führte der Riese den Prinzen in ein kleines Zimmer, in dem seine drei Töchter warteten. Sie waren alle völlig gleich gekleidet, in lange Gewänder aus schneeweißer Wolle, dichte Schleier verhüllten ihre Gesichter.

»Nun geh zu deinem Weib, Königssohn«, fauchte der Riese. Der Prinz trat auf die drei Frauen zu und ohne Zögern berührte er jene, an deren linker Hand der kleine Finger fehlte. Als der Riese nun sah, dass der Prinz trotz aller Ränke dennoch seine jüngste Tochter zur Frau gewonnen hatte, wurde er wütender denn je, aber für den Augenblick konnte er nichts unternehmen. Also ließ er es zu, dass der Prinz sein junges Weib in die Brautkammer trug.

Sobald die beiden allein waren, gedachte der Prinz nun seine Frau so zu lieben, wie es sich für einen Ehemann in der Brautnacht gehört, aber die Tochter des Riesen sprach:

»Wir dürfen jetzt nicht miteinander schlafen. Das wäre unser Tod. Wir müssen fliehen, ehe mein Vater dich umbringt.«

Darauf nahm sie einen Apfel und teilte ihn in neun Schnitze. Zwei Schnitze legte sie auf das Kissen am Kopfende ihres

Bettes, zwei an das Fußende. Als sie durch eine kleine Tür das Haus verließen, legte sie wieder zwei Schnitze auf die Schwelle und noch einmal zwei legte sie auf die Schwelle der großen Tür. Dann bestiegen die beiden ein blaugraues Füllen und ritten damit auf den Schwingen des Windes davon.

Im Haus ging der Riese zur Brautkammer: »Ihr schlaft doch noch nicht?«, rief er.

Da antworteten die zwei Apfelschnitze am Kopfende: »Noch nicht ganz! Wir haben noch Besseres zu tun!«

Nach einer Weile klopfte der Riese wieder und fragte, denn er war begierig, den Prinzen zu töten, und diesmal antworteten die beiden Schnitze am Fußende des Bettes: »Nein, wir schlafen noch nicht. Wir haben noch Besseres zu tun.«

Der Riese gab sich wieder für eine Weile zufrieden und als er das nächste Mal anklopfte und fragte: »Schlaft ihr schon?«, kam abermals die Antwort: »Nein, wir haben noch Besseres zu tun.«

Da aber diesmal die Apfelschnitze, die an der Tür lagen, antworteten, klang es etwas leiser und das machte den Riesen misstrauisch. Er warf sich gegen die Tür. Da sah er, dass die Brautkammer leer war. Zornentbrannt darüber, dass seine eigene Tochter ihn überlistet hatte, machte er sich an die Verfolgung des Paares.

Gegen Morgen, als die ersten Strahlen des neuen Tages über den Himmel huschten, sagte die Tochter des Riesen im Sattel auf dem blaugrauen Füllen zu ihrem Geliebten: »Hörst du, wie hinter uns die Erde erzittert? Es ist mein Vater, der uns verfolgt. Ich spüre schon seinen Atem auf meinem Rücken brennen.«

»Oh weh, was sollen wir jetzt nur tun?«, fragte der Prinz, »gibt es da noch ein Entkommen?«

»Greif in das Ohr des blaugrauen Füllens«, sprach die Tochter des Riesen, »und was immer du im Ohr findest, wirf es hinter dich, damit es meinem Vater den Weg versperrt.«

Der Prinz tat wie ihm geheißen. Aus dem Ohr des Pferdes holte er den Zweig eines Dornenbusches hervor. Und kaum hatte er ihn über die Schulter hinter sich geworfen, sieh da, da erhob sich ein Schwarzdornwald von zwanzig Meilen Länge, dessen Zweige standen so dicht, dass nicht einmal ein Wiesel hätte hindurchschlüpfen können. Als der Riese dieses Hindernis erkannte, rief er: »Und ich werde sie doch einholen.«

Er wandte sich auf der Stelle um und sprang heim, um seine Axt und ein Haumesser zu holen. Bald war er zurück und bahnte sich mit den Werkzeugen einen Pfad durch den Wald. Als es nun Mittag geworden war und die Sonne hoch am Himmel stand, da rief die Tochter des Riesen wieder: »Mein Vater hat uns fast eingeholt. Sein Atem brennt mir im Rücken.«

Wieder riet sie dem Prinzen, seine Hand in das Ohr des blaugrauen Füllens zu stecken und das, was er dort fände, hinter sich auf den Weg zu werfen. Diesmal zog er einen kleinen Splitter von einem grauen Stein hervor und sobald dieser die Erde berührt hatte, erhob sich eine Felswand, die war zwanzig Meilen lang und zwanzig Meilen breit.

»Und dennoch werde ich sie einholen! All das wird mich nicht daran hindern!«, schwor sich der Riese, als er sah, wie ihm das Gebirge den Weg versperrte, und mit großen Schritten lief er wieder nach Hause zurück, um eine Breithacke zu holen. Es wurde dunkel, bis er es geschafft hatte, sich einen Weg durch das Felsgestein zu hauen, und als der Mond dann aufging, rief des Riesen Tochter wieder: »Mein Vater hat uns fast eingeholt. Ich spüre seinen heißen Atem an meinem Rücken.«

Ohne dass ihm das Mädchen etwas erklären musste, griff der Prinz abermals in das Ohr des Pferdes und diesmal zog er eine kleine Blase voll Wasser hervor. Kaum hatte er sie über seine Schulter geworfen, siehe da, da dehnte sich unten ein See von zwanzig Meilen Breite und zwanzig Meilen Länge aus.

Der Riese aber, der in seinem wütenden Lauf nicht mehr innehalten konnte, stampfte hinein, ging unter und ertrank. Weder seine Tochter noch der Prinz noch sonst irgendjemand auf dieser Welt haben ihn seither jemals wiedergesehen.

Das Pferd verfiel in einen gleichmäßigen Trab und als er sich nun beim Schein des Mondes umschaute, war es dem Prinzen, als komme ihm das Land bekannt vor.

»Gewiss nähern wir uns jetzt meines Vaters Haus«, sagte er zu seiner Braut. »Auf diesen Feldern habe ich gespielt, als ich noch ein Kind war.«

Und als er daran dachte, dass er nun heimkehrte, pulste Freude durch sein Herz.

Bald kamen sie an eine Steinmauer und dort rasteten sie eine Weile. Als der Prinz aufstand und die Reise fortsetzen wollte, sagte die Tochter des Riesen: »Es ist besser, du gehst allein zum Haus deines Vaters und bereitest deine Eltern auf mein Kommen vor. Ich werde hier warten, bis du mich holen kommst.«

Der Prinz war einverstanden, aber ehe er davonritt, sagte die Tochter des Riesen zu ihm noch mit ernster Stimme: »Mein liebes Herz, lass dich weder von einem Tier noch von einem Menschen küssen, während ich nicht bei dir bin, sonst wird sich ein schlimmer Zauber auf dein Gedächtnis legen, und du wirst mich völlig vergessen.«

»Dich vergessen«, rief der Prinz, »wie könnte ich das!«

Aber er versprach, die Warnung seiner Braut zu beachten.

Also ritt er zu und kam schließlich vor das große Schloss seines Vaters, das in der schönen grünen Senke lag. Und obwohl er erst sieben Jahre alt gewesen war, als ihn der Riese mit sich fortgenommen hatte, erinnerte sich der Prinz doch noch genau an die hohen Türme, die schönen Gärten und die Obstbäume, die das Schloss umgaben. Er band das blaugraue Füllen im Burghof an und schritt in die große Halle. Sein Vater und seine Mutter saßen dort an dem großen Tisch und

118

kaum war ihr Blick auf den jungen Mann gefallen, da wussten sie auch schon, dass dies ihr Sohn war. Sie sprangen auf und umarmten ihn. Da gedachte der Prinz der Warnung und als sie ihn auf die Wange küssen wollten, hielt er sie davon zurück. Während er seinen Eltern davon erzählte, was er alles in seiner Abwesenheit erlebt hatte, kam ein schlanker grauer Hund unter dem Tisch hervor. Es war das Schoßhündchen, mit dem der Prinz als Kind gespielt hatte. Inzwischen war das Tier voll ausgewachsen.

Aber, oh weh! Ehe der Prinz ihn daran hindern konnte, war der Hund an ihm hochgesprungen und hatte ihm das Gesicht geleckt und augenblicklich wich jede Erinnerung an die Tochter des Riesen aus des Prinzen Bewusstsein.

Dann bat der Vater seinen Sohn, doch weiterzuerzählen: »Du sprachst von einer schönen Frau, mein Sohn«, erinnerte er ihn.

Da schaute ihn der Prinz fragend an und sagte: »Von einer Frau … von was für einer Frau? Es gab da keine Frau, mein Vater.«

Unterdessen wartete die Tochter des Riesen an der Stelle, wo der Prinz sie zurückgelassen hatte. Und als viel Zeit vergangen und er immer noch nicht zurückgekommen war, ahnte sie, was geschehen sein mochte und dass er sie aus dem Gedächtnis verloren hatte. Da kein Haus in der Nähe war, kletterte sie auf die Äste eines Baumes, um vor Wölfen sicher zu sein, und beschloss, dort zu warten, bis irgendjemand des Weges komme.

Nun war aber unter diesem Baum eine Quelle und kaum hatte es sich das Mädchen in den Ästen bequem gemacht, da kam eine alte Frau mit einem Eimer. Sie war die Frau eines Schuhmachers, der in der Nähe lebte, und ihr Mann hatte sie ausgeschickt, um Wasser zu holen. Sie beugte sich über die Quelle, um ihren Eimer einzutauchen, und plötzlich, sehr zum Erstaunen des Mädchens, das schweigend oben auf der

Astgabel verharrte, schreckte sie zurück. Sie hatte im Wasser das Spiegelbild der Tochter des Riesen gesehen und töricht, wie sie war, es für ihr eigenes Spiegelbild gehalten.

»Seh' ich aber hübsch aus«, sagte sie und fuhr sich über ihre zerknitterten Wangen. Und dann sprach sie weiter: »Wenn eine so hübsch ist wie ich, hat sie es doch nicht nötig, für einen alten Dummkopf wie meinen Mann Wasser zu tragen.«

Sie warf also den Eimer hin und rannte davon. Der arme Schuhmacher meinte, seine Alte müsse den Verstand verloren haben, als sie heimkam und ihre Schönheit rühmte. Er zuckte nur die Schultern und machte sich selbst auf, um den Eimer von der Quelle zu holen. Als er dort ankam, rief ihn die Tochter des Riesen an und fragte ihn, wo sie wohl ein Quartier für die Nacht finden könne, und als der Schuhmacher sie sah, wurde ihm klar, dass seine Frau von dem Spiegelbild des schönen Mädchens getäuscht worden war.

Das Ende der Geschichte war, dass die Tochter des Riesen in das Haus des Schuhmachers mitkam, und als die alte Frau sah, dass sie sich getäuscht hatte, lachte sie so sehr, bis all ihre Eitelkeit wieder verflogen war. Das Paar lud das Mädchen ein, so lange zu bleiben, bis sie wisse, wohin sie wolle, und das Mädchen dachte ständig darüber nach, wie sie den Prinzen für sich zurückgewinnen könne.

Eines Tages kam der alte Schuhmacher sehr aufgeregt heim: »Beim König gibt es eine große Hochzeit und ich soll die Schuhe für den Bräutigam und für den ganzen Hof anfertigen.«

Und als die Tochter des Riesen fragte, wer denn der Bräutigam sei, antwortete er: »Niemand anderes als der junge Prinz. Er heiratet die Tochter eines reichen Herrn.«

Von da an war überall von nichts anderem die Rede als von der großartigen Hochzeit im Hause des Königs. Aber als der Tag herankam, wusste die Tochter des Riesen, was sie tun würde.

Ehe das junge Paar getraut wurde, hielt der König ein großes Fest, zu dem alle Leute aus der Umgebung zu Gast geladen waren. Auch der alte Schuhmacher, seine Frau und die Tochter des Riesen gingen hin, setzten sich an einen der langen Tische in der Halle, aßen und tranken und ließen es sich wohl sein.

Viele Leute in der Gesellschaft wurden auf die Tochter des Riesen aufmerksam, weil sie so schön war, und fragten sich, wer wohl das Mädchen wäre. Der Prinz saß mit seiner neuen Braut und all seiner Verwandtschaft oben an dem großen Tisch und auch er bemerkte das hübsche Mädchen mit dem rotgoldenen Haar. Eine ganz schwache Erinnerung glomm in ihm auf, als er dieses Gesicht ansah. Aber so rasch sie kam, so rasch war sie auch wieder verflogen. Dann, als das Fest seinen Höhepunkt erreicht hatte, rief der König der Gesellschaft zu, man möge jetzt ein Glas auf das Wohl seines Sohnes austrinken, und alle Gäste erhoben sich.

Als aber die Tochter des Riesen ihr Glas an die Lippen setzte, sprang eine grelle Flamme hervor. Alle, die sich im Saal befanden, verstummten, so schön war dieses grelle Licht anzusehen. Und als sie näher hinschauten, erhoben sich zwei Tauben aus der Flamme. Die Flügel der einen Taube schimmerten golden und auch ihre Brust schien aus geschmolzenem Gold. Die andere Taube hatte silbernes Gefieder und zusammen kreisten die Vögel durch die Luft, direkt über dem Platz des Prinzen. Er sah zu ihnen hin und sein Erstaunen wuchs, als sie mit menschlicher Stimme zu reden anfingen.

»Oh Königssohn«, sagte die goldene Taube, »erinnerst du dich nicht mehr an die Jauchegrube im Hof des Hauses, in dem der Riese wohnte? Wer hat sie geleert? Wer hat dich damals aus großer Gefahr errettet?«

»Oh Königssohn«, sagte die silberne Taube, »hast du vergessen, wie das Dach über der Jauchegrube mit einer Million Vogelfedern gedeckt worden ist?«

Dann sprachen sie zusammen: »Oh Königssohn, weißt du nicht mehr, wie es dir gelungen ist, zu dem Elsternnest auf den hohen Fichtenbaum zu steigen? Deine Liebste hat ihren kleinen Finger verloren, damit du hinauf- und hinabsteigen konntest.«

Der Prinz sprang auf, griff sich mit den Händen an die Stirn. Jetzt erinnerte er sich an die Aufgaben, die der Riese ihm gestellt hatte, er erinnerte sich daran, wie er diese Aufgaben ausgeführt hatte. Er erinnerte sich an das schöne Mädchen, das er zum Weib gewonnen hatte. Er schaute über die langen Tische hin und sein Blick fand die schönen Augen der Tochter des Riesen. Mit einem Freudenschrei lief er zu ihr und nahm ihre Hand. Und so wurden die beiden endlich miteinander glücklich.

Das Feiern und das Trinken dauerte noch viele Tage fort und wenn sie noch nicht aufgehört haben, so feiern sie vielleicht immer noch.

Geschichte aus den Lowlands

Die Tochter des Nordlandkönigs

Vor langer Zeit, als die Nordländer im westlichen High-
land landeten, waren sie erstaunt über die Beschaf-
fenheit und Ausdehnung der Kiefernwälder, die damals den
größten Teil Lochabers bedeckten und viel ausgedehnter waren
als die Wälder ihres Heimatlandes.

Nun war die älteste Tochter des Nordlandkönigs mit ihrem
langen blonden Haar, ihren blauen Augen und dem schlanken
biegsamen Körper wegen ihrer Schönheit fern und nah bekannt, sie verstand sich auch auf mancherlei Zauber. Sie kannte alle Blumen der Wälder und Wiesen und es gab nicht ein
einziges Kraut, dessen Eigenschaften ihr nicht vertraut waren.
Ebenso war sie berühmt für ihren Umgang mit dem Vieh; sie
konnte nämlich jeden Zauber oder Bann, der auf ihm lag, lösen
und jede Krankheit und jede Verletzung, die es hatte, heilen.
Ihr war das Muhen der Kühe der lieblichste aller Laute und
über große Entfernungen hinweg antwortete sie stets darauf.
Doch von all ihren Gaben war die ungewöhnlichste und eine
der nützlichsten ihre Fähigkeit, wenn erforderlich, hoch in der
Luft über das Land zu fliegen, so dass kein Hindernis sie aufhalten konnte. Da der Nordlandkönig eine hohe Meinung von
den Fähigkeiten seiner Tochter hatte, befragte er sie häufig,
wenn seine anderen Ratgeber nicht mehr weiter wussten, und
an sie wandte er sich jetzt, um ein wirkungsvolles Mittel zu erhalten, um die Waldungen von Lochaber zu zerstören, die mit
den Wäldern seines eigenen Landes so gefährlich wetteiferten.

Die schöne Prinzessin, die ihrem bejahrten Vater immer gerne zu Hilfe eilte, zögerte nicht lang, als er von seiner Sorge sprach. Sie legte Feuer an die Borte ihres Kleides und flog durch die Lüfte über die Nordsee hinweg und stürzte sich auf Lochaber nieder.

»Und die Funken«, so berichtet der Seanachie, »die von ihrem Kleid flogen, wurden vom Wind hierhin und dorthin getragen und die Wälder in Brand gesteckt, bis die ganze Umgegend rauchte und vom Qualm so verdunkelt war, dass man unmöglich etwas sehen konnte.« Die Menschen liefen zusammen, um ihr aufzulauern, doch der Überfall verlief so rasch, dass sie ihrer nicht habhaft werden konnten, und sie wussten kein Mittel, um die Schädigung zu verhindern. Schließlich suchten sie Rat bei einem weisen Mann ihrer Gegend. Er wies sie an, eine Herde Vieh auf einem Feld zusammen zu treiben; wenn sie das Muhen der Kühe hörte, würde sie herabkommen und wenn sie in Schussweite wäre, sollten sie eine silberne Kugel auf sie feuern, dann würde sie sich in einen Haufen Knochen verwandeln. Diesem Rat folgten die Leute, trieben Vieh zusammen und zogen ihm nach. Als das Mädchen das Rufen der Herde hörte, kam sie herab und sie feuerten die silberne Kugel auf sie ab, wie der weise Mann ihnen geraten hatte. Sanft fiel sie zwischen ihnen zu Boden. Danach hoben die Männer ihre sterblichen Überreste auf und trugen sie nach Lochaber; und um sicher zu sein, dass sie ihnen lebend oder tot kein Leid mehr zufügen würde, begruben sie sie in Achnacarry. Und vor nicht mehr als hundert Jahren behauptete der Erzähler, der diese Geschichte weitergab, dass er seinen Fuß auf die Stelle setzen könne, wo sie begraben liege.

Als die Nachricht vom Tod seiner Tochter den Nordlandkönig erreichte, sandte er ein Schiff, um ihre sterblichen Überreste nach Hause zu holen; doch die Beschwörungen der Frauen von Lochaber, die sich gleichfalls auf Hexerei verstanden, zerstörten es. Das Schiff zerschellte in der Einfahrt zu

Lochiel und die Besatzung ertrank. Dem nächsten Schiff, das der König ausschickte, erging es nicht besser. Also setzte der König beim dritten Mal seine ganze Flotte in Bewegung. Doch als seine Schiffe gesichtet wurden, ließen die Bewohner der Insel Iona einen Sturm aufkommen, indem sie die Brunnen des Elfenhügels leerten, was den Wind in jede von ihnen gewünschte Richtung blasen ließ. »Und der Sturm«, berichtet der Seanachie, »war so heftig und die Schiffe waren so nah, dass die Flotte an das Ufer unterhalb des Elfenhügels getrieben wurde. Und die Stärke und die Macht der Nordmänner waren gebrochen und sie waren noch lange Zeit so arg geschwächt, dass sie niemals wiederkehrten, um das Land zu verwüsten.«

Geschichte aus den Highlands

Tam Lin

Die schöne Janet war die Tochter eines Grafen aus den Lowlands, der in seinem grauen Schloss inmitten grüner Wiesen wohnte.

Eines Tages wurde es dem Mädchen zu langweilig, immer nur in ihrem Zimmer zu nähen oder mit den Hofdamen ihres Vaters Schach zu spielen. So nahm sie einen grünen Umhang über die Schulter, flocht ihr gelbes Haar zu Zöpfen und ging aus, um die Wälder von Carterhaugh zu durchstreifen.

Sie wanderte bei Sonnenschein durch ruhige, grasbewachsene Täler voller grüner Schatten, wo Heckenrosen wucherten und Glockenblumen wuchsen. Sie streckte ihre Hand aus, pflückte eine blasse Rose und steckte sie an ihre Hüfte. Kaum aber hatte sie die Blume vom Strauch gebrochen, da trat ein junger Mann auf den Pfad vor ihr.

»Wie kannst du es wagen, die Rosen von Carterhaugh zu pflücken und hier ohne Erlaubnis herumzulaufen?«, fragte er Janet.

»Ich habe mir nichts Böses dabei gedacht«, antwortete ihm das Mädchen.

»Ich bin der Wächter dieser Wälder und muss aufpassen, dass niemand ihren Frieden stört«, sagte der junge Mann. Dann lächelte er so wie jemand, der lange Zeit nicht gelächelt hat, brach eine weiße Rose ab und steckte sie zu der weißen, die das Mädchen abgepflückt hatte.

»Jemandem, der so hübsch ist wie du, würde ich alle Rosen von Carterhaugh geben«, sagte er.

»Wer bist du?«, fragte Janet.

»Mein Name ist Tam Lin«, antwortete der junge Mann.

»Von dir habe ich schon gehört. Du bist doch ein Feenritter«, rief das Mädchen und warf die Blume, die er in ihren Gürtel gesteckt hatte, hastig von sich.

»Du brauchst keine Angst zu haben, schöne Janet«, sagte Tam Lin, »wenn man mich auch den Feenritter nennt, so bin ich doch als sterblicher Mensch geboren worden wie du selbst auch.«

Janet hörte verwundert zu, als er ihr seine Geschichte erzählte: »Mein Vater und meine Mutter starben, als ich noch ein Kind war. Mein Großvater, der Graf von Roxburgh, nahm mich zu sich. Eines Tages waren wir in diesem Wald hier auf der Jagd, als ein seltsam kalter Wind aus Norden aufkam. Ich wurde sehr müde. Ich blieb hinter meinen Gefährten zurück und stürzte schließlich vom Pferd. Als ich erwachte, befand ich mich im Reich der Feen. Die Feenkönigin war gekommen, um mich zu stehlen, als ich schlief.«

Hier hielt Tam Lin inne und es war, als denke er an das grüne verzauberte Land.

»Seitdem«, fuhr er fort, »stehe ich unter dem Bann, den die Feenkönigin über mich verhängt hat. Am Tage bewache ich die Wälder von Carterhaugh und in der Nacht kehre ich ins Feenland zurück. Oh Janet, wie gern würde ich wieder das Leben eines gewöhnlichen Sterblichen führen. Ich wünschte von ganzem Herzen, ich käme aus der Verzauberung los.«

Er sagte das so unglücklich, dass Janet ausrief: »Und gibt es denn keine Möglichkeit, den Zauber zu brechen?«

Da fasste Tam Lin sie bei den Händen und sagte: »Heute Nacht ist Halloween, Janet, und das ist die Nacht der Nächte, wenn man es versuchen will. Zu Halloween reitet das Feenvolk aus und ich reite mit ihnen.«

»Sag mir, was ich tun soll, um dir zu helfen!«, bat Janet, »denn gar zu gern würde ich das tun.«

»Wenn Mitternacht kommt«, sagte Tam Lin zu ihr, »musst du zum Kreuzweg gehen und dort warten, bis der Zug der Feen vorbeikommt. Reitet die erste Gruppe heran, so kümmere dich nicht um sie, sondern lass sie vorüber, auch die zweite Gruppe musst du nicht beachten. Ich werde in der dritten Gruppe reiten. Mein Pferd ist eine milchweiße Stute und auf dem Kopf trage ich einen goldenen Reif. Dann lauf auf mich zu, reiß mich vom Pferd und nimm mich fest in die Arme, so fest, dass ich deine Brüste spüren kann. Was immer dann auch mit mir geschieht, halte mich fest und lass mich nicht los, so kannst du mich zu den Sterblichen zurückholen.«

Kurz vor zwölf in dieser Nacht eilte die schöne Janet zum Kreuzweg und wartete dort im Schatten eines Dornenbusches. Die Bäche glitzerten im Mondlicht, die Büsche warfen seltsame Schatten und der Wind raschelte unheimlich im Laub der Bäume. Ganz schwach hörte sie den Klang der Hufe und das Geräusch des Lederzeugs. Da wusste sie, dass die Feenpferde unterwegs waren.

Sie fror und nahm ihren Mantel fester um die Schultern und schaute die Straße hinunter. Zuerst sah sie das Blitzen eines silbernen Zaumzeugs, dann den weißen Blitz auf der Stirn des Pferdes, das zuerst kam. Bald war der ganze Feenzug zu sehen. Die Reiter hatten ihre bleichen Gesichter zum Mond gewandt und Feenstaub wehte hinter ihnen drein, als sie dahinritten.

Als die erste Abteilung vorbeikam, bei der sich die Feenkönigin auf einer schwarzen Stute befand, verhielt sich Janet ganz still. Auch bei der zweiten Gruppe rührte sie sich nicht. Dann kam die dritte Abteilung und sie entdeckte das milchweiße Pferd, auf dem Tam Lin saß. Sie sah auch den Goldreif in seinem Haar. Da sprang sie aus dem Schatten hervor, griff den Zügel, zerrte den Mann aus dem Sattel, nahm ihn in ihre Arme und presste seinen Kopf an ihre Brüste. Sofort erhob sich Geschrei: »Tam Lin ist verschwunden!«

Auf ihrem Rappen kam die Feenkönigin angeprescht. Sie wandte sich um und richtete ihre schönen, unmenschlichen Augen auf Janet und Tam Lin.

Der Zauber der Feenkönigin traf Tam Lin. Er wurde kleiner und kleiner und plötzlich merkte die schöne Janet, dass sie eine Eidechse an ihrem Busen hielt. Aus der Eidechse wurde eine schlüpfrige Schlange. Sie hatte Mühe, das Tier festzuhalten.

Der Schreck rann ihr durch alle Glieder, als sich die Schlange in ein Stück rot glühenden Eisens verwandelte. Tränen der Furcht rannen Janet über die Wangen, aber sie drückte Tam Lin an sich und ließ ihn nicht gehen.

Da wusste die Feenkönigin, dass sie Tam Lin verloren geben musste, weil er die unnachgiebige Liebe eines sterblichen Weibes gewonnen hatte, und sie verwandelte den Ritter wieder in seine ursprüngliche Gestalt zurück. Janet hielt plötzlich einen Mann umfangen, der war nackt, so wie er in diese Welt gekommen war, aus dem Schoß seiner Mutter. Der Feenzug hielt noch einmal an. Eine schmale grüne Hand schob sich vor und führte die milchweiße Stute fort, auf der Tam Lin geritten war. Dabei brach die Feenkönigin in bitteres Wehklagen aus: »Der schönste Ritter aus meinem Zug«, so rief sie, »ist verloren an die Welt der Sterblichen. Adieu Tam Lin! Hätte ich gewusst, dass sich eine sterbliche Frau in dich verlieben würde, ich hätte ihr das Herz aus der Brust gerissen und ihr ein Herz aus Stein dafür eingesetzt. Hätte ich gewusst, dass die schöne Janet nach Carterhaugh kommt, ich hätte ihr ihre hübschen grauen Augen aus dem Kopf gekratzt und ihr statt dessen ein Paar Holzaugen angehext.«

Als sie das rief, begann es hell zu werden und mit einem unheimlichen Schrei gaben die Reiter ihren Pferden die Sporen und verschwanden.

Tam Lin aber küsste Janets verbrannte Hände und zusammen liefen sie zu dem grauen Schloss, wo Janets Vater wohnte.

Geschichte aus den Lowlands

Tom der Reimer

Ercildourne ist ein Dorf, das im Schatten der Eildonberge liegt. Hier lebte in alten Tagen ein Mann, der Tom Learmont hieß und sich nur darin von seinen Nachbarn unterschied, dass er auf einer Laute spielte, wie die wandernden Sänger es tun.

An einem Sommertag verschloss Tom die Tür seiner Hütte und machte sich mit seiner Laute unter dem Arm auf den Weg zu einem Kleinbauern, der am Hang der Berge wohnte. Es war nicht allzu weit und er schritt kräftig aus über die Heide hin. Der Himmel war wolkenlos und blau und als er Huntlie Bank am Fuße der Eildonberge erreichte, war er müde und träge von der Hitze und beschloss, sich im Schatten eines großen Baumes etwas auszuruhen. Vor ihm lag ein kleiner Wald, durch den zogen sich grüne Pfade. Er schaute in die Tiefe des Waldes und zupfte dabei ein paar Akkorde auf seiner Laute. Da hörte er in der Ferne einen Laut, der klang wie das Geräusch eines Bergbaches. Dann aber sprang er plötzlich erstaunt auf, denn über einen der grünen Pfade sah er die schönste Dame der Welt reiten.

Sie trug ein Kleid aus grasgrüner Seide und einen Umhang aus grasgrünem Samt und ihr blondes Haar fiel ihr offen über die Schultern. Ihr milchweißes Pferd bewegte sich anmutig zwischen den Bäumen und Tom sah, dass an jedem Haarbüschel der Mähne eine kleine silberne Glocke angebunden war.

Er zog seine Mütze und fiel vor der schönen Reiterin auf die Knie, die ihre milchweiße Stute zügelte und ihm befahl aufzustehen.

»Ich bin die Königin des Feenlandes und komme, um dich zu besuchen, Tom aus Ercildourne«, sagte sie.

Dann lächelte sie und streckte die Hand aus, damit er ihr helfen könne abzusteigen. Er warf den Zügel des Pferdes über einen Dornbusch und führte sie, verzaubert von ihrer bleichen, unirdischen Schönheit, zu einem großen Baum.

»Spiel auf deiner Laute, Tom«, sagte sie, »schöne Musik und grüner Schatten passen gut zusammen.«

Also nahm Tom sein Instrument und es kam ihm vor, als habe er nie zuvor so süße Melodien auf seiner Laute hervorgebracht. Als er zu Ende gekommen war, sagte die Feenkönigin, es habe ihr gut gefallen.

»Ich will dich belohnen, Tom«, sprach sie, »um was immer du bittest, es soll dir gewährt werden.«

Da fasste Tom ihre weiße Hand. »Lass mich deine Lippen küssen, schöne Königin«, bat er.

Die Königin entzog ihm ihre Hand nicht, sondern sagte lächelnd: »Wenn du meine Lippen küsst, Tom, wirst du mir verfallen. Du wirst unter einem Bann stehen und wirst mir sieben Jahre dienen müssen, ob es dir gefällt oder nicht.«

»Was sind sieben Jahre?«, erwiderte Tom, »das ist eine Strafe, die ich gern auf mich nehme.«

Und er presste seine Lippen auf den Mund der Feenkönigin.

Dann sprang die Königin auf und Tom wusste, dass er ihr nun folgen musste, wohin sie ihn führte.

Doch immer noch war die Verzauberung der Liebe in ihm und er bedauerte seinen verwegenen Wunsch nicht, selbst wenn er ihn nun sieben Jahre seines Lebens kosten würde. Sie sprang auf ihr milchweißes Pferd und ließ Tom hinter sich aufsitzen und während die Glöckchen hell klingelten, ritten sie über die grünen Täler und die mit Heidekraut überwucherten Hänge und sie reisten schneller als die vier Winde des Himmels, bis sie in ein seltsames Land kamen, wo die Königin zu Tom sagte, hier würden sie eine Weile rasten.

Schließlich aber erreichten sie die Tore des Feenlandes, wo tausend Trompeter ihre Ankunft verkündeten, und sie ritten durch eine Landschaft, die in helles Licht getaucht war.

Weit fort, im Land der Irdischen, flüsterten sich die Leute

von Ercildourne unheimliche Geschichten über Tom Learmont zu, der an einem Sommertag verschwunden war.

Während der ganzen Zeit, in der er sich im Feenland aufhielt, sprach Tom kein Wort, was immer er auch an wunderbaren Dingen sah und hörte. Und als er der Feenkönigin sieben Jahre gedient hatte, führte sie ihn in einen sonnenbeschienenen Garten vor den Toren des Feenlandes. Lilien und schöne Blumen wuchsen dort, die Bäume schienen von einem leuchtenderen Grün als anderswo und unter ihren Zweigen weideten zahme Einhörner.

Die Königin pflückte einen Apfel von einem Baum und reichte ihn Tom.

»Jetzt darfst du dein Schweigen brechen«, sagte sie, »und nimm diesen Apfel für die Dienste, die du mir sieben Jahre erwiesen hast. Es ist eine verzauberte Frucht und wer sie isst, dessen Zunge wird nie eine Lüge sprechen.«

Nun war Tom ein Bursche, bei dem das Nachdenken rasch ging, und es wollte ihm scheinen, dass es ein zweifelhaftes Vergnügen sei, für den Rest seines Lebens in der Welt, in die er zurückkehrte, immer die Wahrheit sagen zu müssen. Er versuchte, dies der Königin zu erklären: »Im Land der Menschen, musst du wissen, ist es oft nötig, etwas zu übertreiben, wenn man mit seinem Nachbarn ein gutes Geschäft machen oder die Gunst einer Frau durch Redegewandtheit gewinnen will.«

Die Königin lächelte und sagte: »Sei nur ruhig, Tom. Ein solches Geschenk, wie ich es dir mache, wird so leicht keinem Irdischen zuteil. Es wird dir mehr Ruhm bringen, als du denkst, und man wird sich an den Namen von Tom Learmont erinnern, solange Schottland besteht. Aber jetzt musst du gehen, Tom. Doch höre noch dies: Die Zeit wird kommen, da ich dich zurückrufe, und du musst versprechen, dann meinen Befehlen zu gehorchen, wo immer du auch sein magst. Ich werde zwei Boten schicken, bei denen du sofort wissen wirst, dass sie nicht von deiner Welt sind.«

Tom starrte in die schwarzen Augen der Feenkönigin und er wusste, dass der Liebeszauber, der sieben Jahre auf ihm geruht hatte, nie völlig seine Kraft verlieren würde. Froh versprach er, ihren Befehlen zu gehorchen, und dann überkam ihn plötzlich Müdigkeit. Der grüne Garten mit den Einhörnern verblich. Ein weißer Nebel, wie fallende Apfelblüten, senkte sich vom Himmel herab.

Als Tom erwachte, lag er im Schatten des großen Baumes, der bei Huntlie Bank steht. Er sprang auf und schaute auf die leeren Pfade im Wald und horchte, aber kein Klang von Silberglöckchen ließ sich mehr vernehmen. Sein Besuch im Feenland, der sieben Jahre gedauert hatte, schien jetzt nichts weiter als der Traum eines Sommernachmittags.

Da sprach er zu sich: »Eines Tages werde ich dorthin zurückkehren«, und dann nahm er seine Laute auf und ging nach Ercildourne zurück, neugierig darauf, was in dem Zeitraum von sieben Jahren wohl alles geschehen sein mochte, neugierig aber auch, weil er sich fragte, wie sich das Geschenk der Feenkönigin auswirken werde.

»Ich fürchte, ich werde viele meiner Nachbarn beleidigen«, dachte er und musste lachen, »denn dahin wird es doch wohl kommen, wenn ich stets die Wahrheit und nichts als die Wahrheit sage. Sie werden freimütigere Antworten und Meinungen zu hören kriegen, als es ihnen lieb ist, wenn sie mich um einen Rat fragen!«

Als er die Dorfstraße betrat, stieß eine alte Frau einen furchtbaren Schrei aus, denn sie meinte, hier sei einer von den Toten zurückgekommen. Tom erklärte, dass er gesund und munter und wahrlich kein Gespenst sei und mit der Zeit fanden sich die guten Leute von Ercildourne damit ab, dass er nach siebenjähriger Abwesenheit wieder aufgetaucht war. Aber immer staunten sie, wenn Tom von seinem Aufenthalt im Land der Feen erzählte. Die Kinder kletterten auf seine Knie und drängten sich zu seinen Füßen und hörten begierig zu, wenn er von den Wundern der Feenwelt erzählte, während die alten Leute mit den Köpfen nickten und sich untereinander die Namen jener zuflüsterten, die angeblich früher schon von der Feenkönigin fortgelockt worden sein sollten. Nie aber erwähnte Tom sein Versprechen, wieder ins Feenreich zurückzukehren, sobald die zwei Feenboten ihn rufen würden. Tom selbst war ziemlich erstaunt, als er merkte, dass es keinen großen Unterschied machte, ob einer nun sieben Tage oder sieben Jahre aus Ercildourne fortgewesen war. Ja, an seiner Hütte musste dies und das ausgebessert werden. Der Wind hatte ein paar Steine aus der Wand herausgebrochen und der Regen hatte einige Löcher in das Strohdach gefressen, die Nachbarn hatten ein paar Runzeln mehr im Gesicht und ein paar weiße Haare mehr. Aber im Großen und Ganzen hatte sich nach siebenmal Frühling, Sommer, Herbst und Winterstürmen nicht viel geändert. Jeden Tag wartete er darauf, welche Wirkung nun das Geschenk der Feenkönigin haben werde. Er fand zu seiner großen Erleichterung, dass er immer noch Schmeichelworte zu der Tochter des Kleinbauern sagen und immer noch einen schwankenden Nachbarn dazu überreden konnte, eine Kuh oder ein Schaf von ihm zu kaufen.

Aber dann, eines Tages, als die Dorfbewohner über eine Viehseuche, die das Land befallen hatte, diskutierten, spürte Tom sich von einer seltsamen Kraft dazu gedrängt, das Wort zu ergreifen. Die Worte kamen aus seinem Mund ohne sein Zutun und selbst erstaunt, prophezeite er, dass seine Nachbarn in Ercildourne kein einziges Stück Vieh durch die Seuche verlieren würden. Die Leute aus dem Dorf glaubten ihm, irgendetwas kam über sie, das sie einfach zwang, der Vorhersage zu glauben. Und tatsächlich bewahrheitete sie sich.

Danach machte Tom viele Prophezeiungen, die meisten waren in Reimen. So konnte man sie gut behalten und sie gingen von Mund zu Mund.

Immer stellte sich ihre Wahrheit heraus und sein Ruf verbreitete sich durch ganz Schottland. Viele Lords und Grafen belohnten ihn für seine Vorhersagen und bewunderten seine Fähigkeiten. Obwohl er viele Teile des Landes besuchte und viele vornehme Leute kennenlernte, blieb Tom dennoch stets seinem Dorf Ercildourne treu.

Mit seinem Geld baute er sich einen schönen Turm, in dem lebte er viele Jahre. Und doch, bei allem Ruhm und Reichtum, so fanden die Leute, sei Tom dennoch kein so ganz glücklicher Mensch. In seinen Augen lag immer das seltsame Licht eines Verlangens, als könne er die Erinnerung an die Feenwelt nicht vergessen.

Jedes Jahr gab Tom in seinem Turm in Ercildourne ein großes Bankett, zu dem alle Einwohner, die in der Nähe wohnten, geladen waren.

Es war eine solche Nacht des frohen Festes, da die Pfeifer die Füße tanzen machen und die Herzen anrühren und in der Halle erklangen freudige Zurufe. Ale gab es so viel, wie jeder trinken wollte. Und kaum ruhten die Tänzer aus, da wurden ihre Gläser schon wieder aufgefüllt und Tom begann auf seiner Laute zu spielen. Während des Festes geschah es, dass ein Diener in die hell erleuchtete Halle gerannt kam, eine seltsame Botschaft auf den Lippen.

Sein Benehmen war derart, dass Tom aufstand und Ruhe gebot, damit man hören könne, was der Diener zu sagen habe. Das Lachen und die Gespräche verstummten und in die Stille hinein sagte der Mann: »Oh Herr, ich habe etwas höchst Seltsames gesehen. Aus den Bergen kommen eine milchweiße Hirschkuh und ein milchweißes Rehkitz die Straße herab.«

Wahrlich seltsam. Denn gewöhnlich wagte sich keines der Tiere aus dem Wald bis in die Nähe des Dorfes. Außerdem: Wer hatte je von einer milchweißen Hirschkuh und einem milchweißen Rehkitz gehört?

Die Gäste, Tom allen voran, rannten auf die Straße und ihr

Staunen wuchs noch mehr, als sie sahen, dass die beiden Tiere sich überhaupt nicht um die Menschenmenge kümmerten und im Mondlicht weiter näher kamen.

Und Tom wusste, dass dies die beiden Feenboten der Königin waren. Freude überkam ihn und er lief von seinem Turm fort.

Die beiden Tiere nahmen ihn in die Mitte und langsam verschwanden Mann und Tiere im dunklen Wald.

Wie die Feenkönigin versprochen hatte, brachte die Gabe des Prophezeiens Tom großen Ruhm und noch heute kennt man seine Worte und Reime.

Der bekannteste Vorfall ereignete sich am 18. März 1286 als Alexander III., einer der weisesten und größten Könige Schottlands, auf dem Thron saß. An diesem Tag schickte der Graf von March nach Tom dem Reimer und ließ anfragen, wie am nächsten Tag das Wetter sein werde.

»Am Morgen, noch vor Mittag, wird der stärkste Wind blasen, von dem man je in Schottland gehört hat«, war Toms Antwort.

Am späten Vormittag schickte der Graf wieder einen Diener zu Tom.

»Wo ist der Wind geblieben, den du vorhergesagt hast?«, fragte der Diener, denn es war an diesem Tag schönes, mildes Wetter.

»Mittag ist noch nicht vorbei«, erwiderte Tom ruhig. Gerade da traf ein Bote beim Grafen ein und meldete, der König sei gestorben. Er sei auf einem Klippenpfad vom Pferd gestürzt und auf der Stelle tot gewesen.

»Da habt ihr den Wind, der großes Unheil über Schottland bringen wird«, sagte Tom, und tatsächlich brach nach dem Tod des guten Königs für Schottland eine Zeit der Unruhen an.

Tom prophezeite auch:

»Solange Thorn-Baum steht unverbrannt,
behält Ercildourne all sein Land.«

In dem Jahr, da der Thorn-Baum fiel, machten alle Kauf-
leute von Ercildourne bankrott und bald darauf musste das
letzte Stück von dem Gemeindeland verkauft werden.

Zwei Prophezeiungen aber gibt es, die sich noch erfüllen
müssen:

»Machen die Kühe von Gowrie sich breit an Land,
ist der Tag des Letzten Gerichts zur Hand.«

Die Kühe von Gowrie sind zwei mächtige Felsblöcke, die
jetzt unter dem Wasserspiegel bei Ivergowrie im Firth of Tay
liegen. Jedes Jahr, so sagt man, kommen sie ein paar Zentime-
ter weiter auf das feste Land zu.

Und:

»Wenn York versunken und London fällt,
wird Edinburgh die schönste und größte Stadt der Welt.«

Geschichte aus den Lowlands

Von den Selkies

Auf den Orkneys ist *selkie* die gebräuchliche Bezeichnung für den Seehund. Die Seehunde werden gewöhnlich in zwei Gruppen eingeteilt. Die erstere bilden die gemeinen Seehunde, hier auch Tangfische genannt. Sie haben nicht die Fähigkeit, menschliche Gestalt anzunehmen. Zu der anderen Art gehören alle, die von größerer Körperform sind. Sie werden als Selkie-Volk bezeichnet und können sich in Menschen verwandeln. Diejenigen, die an diese Vorstellung glauben, sind auch nie in Verlegenheit, sie zu erklären, aber die Vorstellung scheint erst mit der Einführung des Christentums aufgekommen zu sein. Einige halten sie für gefallene Engel, die wegen eines geringfügigeren Vergehens nicht wie die anderen in die Hölle verbannt wurden, sondern nur in die gegenwärtige Gestalt. Andere wieder sagen, es handele sich um Menschen, die wegen einer schweren Sünde verzaubert worden seien, aber an Land menschliche Gestalt annehmen dürften. Und wer weiß, sagen alte Leute, vielleicht wird ihnen eines Tages sogar gestattet, wieder für immer Menschen zu werden.

Man meint, dass die männlichen Selkies manchmal geheimen Umgang mit Menschenfrauen haben. Einige dieser Galane wurden die Geliebten verheirateter Frauen. Nun mögen sie im Wasser auch nicht besonders attraktiv sein, aber an Land sind sie Menschen-Männer, die etwas hermachen und auch sehr charmant auftreten. Und wenn die Selkie-Männer den irdischen Frauen imponieren, so verhält sich das, was die Menschen-Männer angeht, mit den Selkie-Weibern bei den Menschen-Männern nicht anders. Wenn ein solches Geschöpf seine Seehundhaut auszieht und sich auf einen Felsen in der Sonne ausstreckt, ist das freilich ein recht verführerischer Anblick. Nur muss man wissen, dass Selkie-Nymphen immer in

Gruppen auftreten, nie auch sitzen sie wie die Seejungfrauen irgendwo und kämmen ihr Haar, überhaupt haben sie im Unterschied zu diesen kein langes blondes Haar. Insgesamt sind die Selkies ganz anders als das *finfolk* [13]. Die Vorstellung Seehunde könnten sich in Menschen verwandeln, spielt in der folgenden Geschichte zusammen mit der Vorstellung, es habe im Nordmeer Inseln der Frauen gegeben, eine entscheidende Rolle. Das Dreieck der Länder Orkney und Shetland, Island und Norwegen verwandelt sich in dem nachstehenden Saga-Fragment von den Orkneys ins Mythologisch-Magische und verweist auf matriarchalische Verhältnisse in früher Zeit.

Geschichte von den Orkney- und Shetland-Inseln

---

13 Das *finfolk* sind dunkle Hexen und Formverwandler des Meeres aus der Folklore der Orkneys. Sie bringen ahnungslose Fischer oder unachtsame Jugendliche an der Küste unter ihre Gewalt zu lebenslangen Diensten.

Die Saga von der Insel der Frauen

König Schiefzahn schickte einmal im späten Frühjahr ein starkes Schiff mit vierunddreißig Ruderern von Erinn nach Norwegen. Auf diesem befand sich Deirdre. Bei ihr aber waren ihre Tochter Gundel, die zu dieser Zeit zehn Jahre alt war, und Orma, ihre Vertraute.

Als sie nun die Insel Affalnau im nordöstlichen Archipel erreichten, befahl Deirdre dem Kapitän des Schiffes, vor der Küste zu ankern und ein Beiboot an Land zu schicken, um aus einer Quelle in der Schwarzen Bucht Süßwasser schöpfen zu lassen. Dies geschah und in dem Beiboot waren außer den Frauen und dem Kind drei Männer der Besatzung als Ruderer und der Steuermann.

Deirdre trug in einem Lederbeutel das Evangeliar[14] bei sich, das der König ihr für den Bischof von Drontheim[15] mitgegeben hatte.

Schwarze Bucht aber wurde diese Gegend genannt, weil der Sand dort schwarz glänzte, als sei er aus gemahlener Kohle. Es war ein einsamer Ort ohne Siedlungen, der gelegentlich von den Nordmännern aufgesucht wurde, wenn sie auf der Reise nach Erinn ihre Wasservorräte erneuern wollten.

Während die Männer mit dem Wasserfass zu der Quelle gingen, stiegen die beiden Frauen mit dem Kind auf einen hohen, weißen Felsen, von dem aus man weit über das Meer hinsah. Draußen in der Bucht wartete das starke Schiff mit dem Segel König Schiefzahns und man erkannte die Schilde

---

14 Die vier neutestamentlichen Evangelien mit Begleittexten.
15 Heute Trondheim.

an den Borden zwischen den Ruderbänken. Der Himmel war blau, ohne Wolken, und es wehte eine steife Brise.

»Nun, Schwester«, sagte Deirdre zu Orma, »ich hoffe, du hast meiner Aufforderung gedacht und weißt einen Zauber, denn wie anders könnten wir denen dort unten entkommen.«

»Es ist alles bereit. Sie werden allein nach Norwegen reisen«, erwiderte Orma. Sie zog einen Tannen- und zwei Fichtenzapfen unter ihrem Brusttuch hervor und legte diese in den schwarzen Sand des Pfades, der hinunter in die Bucht führte. Sie sagte ein paar Worte, griff dann in die Tasche und streute eine Handvoll trockener, raschelnder Fischschuppen über die Zapfen. Die Zapfen wurden zusehends größer und größer und es dauerte nicht lange, da standen Ormas, Deirdres und des Kindes Doppelgängerinnen auf dem Pfad. Orma aber sprach zu den Ebenbildern: »Nun geht hinab und nehmt unsere Plätze ein.«

Wie sie sich selbst sah, sich gegenüberstand, dazu auch Orma verdoppelt und das Kind, schauerte es Deirdre, zumal die drei Gestalten keineswegs Anstalten machten, sich umzudrehen und fortzugehen, sondern sie unverwandt starr und stumm anblickten.

Auch Gundel war bleich geworden. Sie wollte schreien, doch der Schrei erstickte in ihrem Hals.

Orma aber klatschte in die Hände und rief: »Vorwärts, ihr Guten, und ins Boot!«

Da wandten die Täuschwesen, die sie erzeugt hatte, sich um und liefen auf dem Pfad hinab zu den Männern.

»Sprechen können sie nicht«, sagte Orma vergnügt, »aber sie sind uns ähnlich zum Verwechseln.«

»Aber was wird, wenn sie auf See sind und gar in Norwegen ankommen?«, fragte Deirdre.

Sehr lange hielte solcher Illusionszauber nicht, erklärte ihr Orma. Wenn sich das Schiff weit genug von der Insel entfernt habe, würden die Erscheinungen langsam immer undeutlicher, erst Nebel, dann Dunst, schließlich nur noch Schatten und endlich nichts sein.

»Sie werden denken«, schloss Orma, »wir seien ihnen in der Dunkelheit von Robbenmännern geraubt worden. Wie sie sich vor dem Prinzen rechtfertigen, ist nicht meine und nicht deine Sache. Jetzt wollen wir rasch zu Aillil.«

»Ja«, sagte Deirdre, »sie wartet auf uns. Sie ist schwach und ihrem Tod nahe.«

Das Kind war immer noch ganz bleich vor Angst.

Deirdre nahm ihre Tochter in die Arme, um sie zu beruhigen, aber Gundel stieß die Mutter fort und rief: »Ihr habt mir gesagt, wir fahren nach Norwegen. Warum fahren wir nicht dorthin?« Und auf Orma deutend: »Daran ist nur sie schuld, diese Hexe.«

»Nun«, sagte Deirdre, »wenn du nicht bei uns bleiben willst, so geh hinunter zu den anderen. Wir bleiben hier.«

Gundula schien einen Augenblick unschlüssig. Dann antwortete sie leise: »Ich komm' schon mit euch.«

»Du hast recht gewählt«, meinte Orma, »denn nach Norwegen wärest du sonst als kleine Möwe gereist.«

Und von diesem Augenblick an war Gundel Orma feind.

Die Schwarze Bucht lag im Südosten der Insel, die Burg aber, auf der Aillil lebte, im Nordwesten, in den Vorbergen und Wäldern des hohen Gebirges. So hatten sie zuerst die Ebene Aird zu überqueren, die das Kernland von Affalnau darstellte. Es waren weite Wiesenländer, die manchmal in Heide übergingen. Die Bäume waren windverdreht, aber es gab lange, hohe, die Besitzungen voneinander trennende Hecken. Von Zeit zu Zeit kamen sie durch kleine Weiler. Geduckte Häuser aus Bruchstein, die von Schafspferchen umgeben waren.

Sie waren am Morgen aufgebrochen und als es Mittag geworden war, klopfte Orma an einer Tür an und bat um ein Mahl. Sie wurden freundlich willkommen geheißen. Nach

Männern hielt Deirdre vergebens Ausschau. Obwohl sie doch wusste, dass keine auf der Insel lebten, wunderte sie sich jetzt immer wieder darüber, stets nur Frauen zu sehen.

Wie die meisten Gehöfte auf der Insel, so hatte auch dieses, in dem sie einkehrten, einen Namen. Es hieß, ohne dass sich Deirdre getraute zu fragen warum, »Zur Amsel«. Erst später lernte sie, dass man bei einer solchen Frage die Geschichte des ganzen Clans erfuhr, der sich meist von einem Totemtier herleitete.

Sie saßen mit dem Kind unter sechs Frauen um einen runden Tisch und aßen saure Milch, in die ein stark gewürztes Brot gebrockt wurde. Die Frauen waren von einer ruhigen Freundlichkeit und als sie hörten, dass sie aus dem Ausland kamen und zum Sitz der Herrscherin unterwegs waren, boten sie an, ihnen einen Reisewagen auszuleihen.

»Seid Ihr vielleicht Ärztinnen und kommt, um Aillil zu heilen?«, fragte die Hausherrin mit einem raschen Blick zu Deirdre hin. Die Sprache, die die Frauen sprachen, war Gälisch, aber mit einem harten, kehligen Akzent.

Es war Orma, die statt ihrer antwortete: »Ich stamme von der Insel, aber ich bin lange in der Fernwelt gewesen. Wie steht es in Affalnau?«

Das Gesicht der Frau verdüsterte sich. »Das Land leidet unter der Krankheit der Herrscherin. Die Kühe kalben schlecht, die Herden haben nur wenig Lämmer. Zweimal hat es in den Apfelgärten von Daruun keine Früchte an den Zweigen gegeben. Wie sehr wünschte man Aillil, dass sie gesunde!«

»Sie kann nicht mehr gesund werden«, mischte sich eine andere Frau am Tisch ein, »man muss ihr wünschen, dass sie endlich nach Westen gehen und ihren Frieden finden kann. Es gibt eine Prophezeiung, dass wir eine neue Herrscherin bekommen werden.«

Da hätten sie die neue Herrin, sagte Orma und wies auf Deirdre.

Sie ließen ihre Löffel sinken und starrten sie mit offenen Mündern an.

Die Älteste unter den Frauen am Tisch kam und berührte mit der Hand Deirdres Gesicht. Sie fuhr ihr über die Augen und sagte, soviel sei richtig, diese Frau hier habe das zweite Gesicht und genau diese Eigenschaft müsse die Herrscherin haben.

Nun nannten sie alle ihre Namen: Gelbar, Notku, Taklun, Barra, Tiske und Naura hießen sie. Merkwürdige Namen, wie sie Deirdre nie zuvor gehört hatte. Die Frauen entschuldigten sich für das einfache Mahl, das man ihnen vorgesetzt hatte, und drängten darauf, dass Deirdre einen Reisewagen mit einem Doppelgespann annehme und eine von ihnen sie als Fahrerin begleite. Dann baten sie um einen Segen für das Haus. Den sprach Deirdre, etwas unsicher darüber, was da Sitte sei, indem sie ihnen wünschte, sie sollten von Krankheit verschont bleiben, die Tiere sollten sich an Zahl verdreifachen und ihre Brunnen nie versiegen. Sie hatte einfach gesagt, was ihr durch den Kopf gegangen war, aber es schien genau das Richtige.

Es war die junge Frau, die Barra hieß, die den Wagen lenkte, in dem Deirdre, Gundula und Orma davonfuhren. Das Gefährt hatte einen bequemen Sitz zwischen den beiden hohen Rädern und einen Platz davor für die Wagenlenkerin, die stehend kutschierte. Die Pferde waren klein und struppig und mit zwei Gespannen ging es rasch über eine breite Piste. Erst führte sie durch Wiesen und später durch weite Flächen mit Apfel- und Birnbäumen, die gerade in voller Blüte standen. Wenn ein Windstoß kam, drang ein leises Geräusch von den blühenden Zweigen zu ihnen herüber, so als seien daran nicht Blüten, sondern kleine Glocken.

Die Luft war ungewöhnlich mild und als Deirdre sich darüber wunderte, erklärte Orma, das komme von einem warmen Meeresstrom, der an der Westküste vorbeiziehe, die nun nicht weit sei.

Später hoben sich grüne, niedrige Hügel aus der Ebene. Die Obstplantagen machten wieder fettem Grasland Platz, auf dem Schaf- und Ziegenherden weideten.

Dann fuhren sie durch einen großen, lichten Kiefernwald. Das Gelände stieg an. Die Fahrt verlangsamte sich. Die Piste führte jetzt über Sandboden und immer häufiger sah man graublaue Felsen zwischen den Stämmen der Bäume. Schließlich rückte das Meer näher. Man roch das Salzwasser in der Luft. Der Wald öffnete sich, und Barra lenkte den Wagen auf einen schmalen Küstenpfad über einer Steilküste, an der tief unten die Brandung stäubte.

Dann sahen sie vor sich ein breites Felsenheck, auf dem eine düstere Burg lag. Die Mauern, die große Halle und ein runder, hoher Turm waren aus demselben graublauen Gestein errichtet, das Deirdre zum ersten Mal im Wald aufgefallen war. Die Mauer mit Zinnen und Wehrgang sperrte das Felsenheck zum Land hin ab. Der Turm erhob sich an der höchsten Stelle unmittelbar vor dem Abfall in die See. Vor der klobigen Mauer war ein tiefer Graben in den Fels gehauen.

Der Wagen rumpelte über eine hölzerne Zugbrücke und hielt vor zwei Frauen, die mit Stiefeln, Kettenhemden und Helmhauben bekleidet waren, kurze Schwerter am Gürtel trugen und schwere Wurfspeere in der Hand hielten.

Barra zügelte die Gespanne. Orma redete leise mit den Wachposten, aber diese schienen unschlüssig, ob sie den Wagen durchlassen sollten. Eine der beiden Frauen ging in den Burghof hinein. Sie kam nach einer kurzen Weile wieder zurück und hob ihren Speer. Jetzt konnte der Wagen passieren.

Im Burghof drinnen standen mehrere Kampfwagen. Vor den Stallungen waren Pferde angebunden. Frauen in langen Umhängen aus leuchtendblauer Wolle, die es offenbar gewohnt waren, sich um eintreffende Gäste zu kümmern, halfen Orma und Deirdre absteigen. Eine spiralförmige Treppe, deren Geländer in der Sonne wie eine silberne Ranke glänzte, führte zur halben Höhe des Turms hinauf, wo vor einer Tür wieder zwei Frauen Wache hielten.

Deirdre bedankte sich nun bei Barra und diese antwortete, es sei ihr ein Vergnügen gewesen, sie herzufahren. Dann ging alles verwirrend rasch und es war Deirdre, als bewege sie sich in einem Traum.

Eine Gruppe von Frauen nahm sie und Orma in die Mitte. Orma traf unter ihnen eine alte Bekannte. Die Frauen umarmten sich herzlich und wechselten ein paar Worte miteinander. Jemand nahm sich des Kindes an und lockte es mit freundlicher Stimme fort zum Spielen. Gundula folgte der fremden Frau merkwürdigerweise ohne Widerrede. Deirdre und Orma aber führte man die Spiraltreppe hinauf. Eine Tür tat sich auf; und wenn es draußen im Sonnenlicht so gleißend hell gewesen war, dass es in den Augen schmerzte, so war es drinnen in dem runden Saal düster, und ein süßlicher Geruch hing in der Luft. In einem großen Kamin brannte ein Feuer. Davor saß in einem riesigen, hölzernen Stuhl, bedeckt mit einer Last von Fellen, klein, wächsern und zierlich eine uralte Frau.

»Willkommen im Robbenschloss, mein Kind«, sagte sie mit einer seltsamen, wie gläsernen Stimme, »wir kennen uns schon, wenngleich nur aus meinen und deinen Gesichten. Ich bin Aillil. Es tut mir leid, dass ich dich nicht am Tor begrüßen konnte, aber wie du weißt, bin ich sehr krank. Die Füße verweigern mir den Dienst. Ich hoffe, der Weg ist dir kurz geworden. Tritt näher. Wir haben viel miteinander zu reden.«

»Was fehlt Euch?«, fragte Deirdre und als sie diese Frage gestellt hatte, ging ein Raunen durch die Gruppe der Frauen, die Orma und sie hereingeführt hatten.

»Ihr habt diese Frage gehört?«, sagte Aillil mit Erleichterung in der Stimme. »Es ist kein Zweifel, sie ist es. Ich danke dir, Orma, dass du sie hergeführt hast.«

Orma verneigte sich tief und die alte Frau machte eine unsichere Bewegung mit der Hand.

»Deine Schuld ist abgegolten«, sagte sie, »es war ein langer Weg, auf dem das Schicksal dich heimgeführt hat.«

»Ach, ich bin wieder in Affalnau«, stieß Orma sichtlich bewegt hervor, »ich danke Euch, dass Ihr mir vergebt.«

»Es kommt alles, wie es bestimmt ist«, sagte Aillil und fügte, an die anderen gewandt, hinzu: »Rückt Stühle heran und lasst diese beiden Frauen mit mir allein.«

Immer noch meinte Deirdre, sie sei in einem Traum. Und Aillils Stimme kam aus dem Traum und gab Antwort auf die Frage nach ihrem Leiden, die Deirdre vorhin gestellt hatte. Sie erzählte, wie sie vor drei Jahren hinabgetaucht war ins Robbenreich, um ihren Sohn noch einmal zu sehen, wie sie beim Aufstieg von einem Strudel erfasst und gegen einen Felsen geworfen worden war. Dabei hatte sie sich an der Hüfte verletzt. Die Wunde hatte sich nie mehr geschlossen. Seitdem siechte sie dahin. Eine Priesterin, die zugleich ihre Ärztin war, aber sie auch nicht zu heilen vermochte, hatte ihr prophezeit, eine jüngere Frau werde kommen und sich mitleidig nach der Ursache ihrer Krankheit erkundigen. Darauf werde sie, Aillil, in Frieden die Fahrt in das Land im fernen Westen antreten können. Dann, so berichtete Aillil weiter, war sie in ihren Gesichten Deirdre begegnet. Sie leugnete nicht, dass sie sie angelockt hatte, hierher zu fahren, zumal sie gewusst hatte, dass auch Orma bei ihr war. Vielleicht aber war alles auch nach dem Willen der Göttin geschehen: dass Orma damals, Thorkel folgend, die Insel verlassen hatte, dass Orma und Deirdre einander begegnet waren und Orma mit Deirdre nach Affalnau heimgekehrt war. Nun würde Aillil auch von ihren Qualen erlöst werden, dessen war sie gewiss. Deirdre wollte sie trösten und ihr Mut machen. Sie werde gewiss wieder gesund werden, sagte sie.

»Oh nein«, fiel ihr Aillil ins Wort, »jetzt, da die neue Herrscherin da ist, werde ich sehr bald in das Land im Westen fahren, in jenes andere Leben, vor dem sich so viele fürchten.

Für mich bedeutet es eine Erlösung von meinen ständigen Schmerzen, die ich in letzter Zeit nur noch mit Mohnsaft habe dämpfen können. Du weißt so gut wie ich, dass nicht mehr viel Zeit bleibt, und die gilt es nun zu nützen, um dich als meine Nachfolgerin auf deine Aufgabe vorzubereiten.«

»Aber warum ich?«, fragte Deirdre, erschrocken aus ihrem Traum.

»Das kann dir niemand sagen«, antwortete Aillil, »außer der Göttin selbst. Aber du bist gekommen und hast die Frage gestellt. Das bedeutet, dass du die Richtige bist. Ich habe Ormas Weg und den deinen verfolgt. Es war ein schwieriger und ein gefahrvoller Weg. Du bist auf ihm deinen Träumen treu geblieben und diese Kraft braucht eine Herrscherin über die Insel. Sie muss Entschlossenheit besitzen und einen Traum haben, wenn sie den Frauen Glück und Fruchtbarkeit schenken will. Aber noch bist du nicht Herrscherin von Affalnau. Hör jetzt, was geschehen muss, damit dich alle in diesem Amt anerkennen.

Zunächst wird dich eine unserer Frauen zu der Grotte begleiten, um dich der Göttin vorzustellen, die uns alle erhält. Vielleicht schenkt die Göttin dir eine Vision. Achte genau darauf, was sich dir in der Grotte offenbart. Es ist von größter Wichtigkeit für die Insel. Wenn du aus der Grotte zurückkehrst, werde ich vielleicht schon fortgegangen sein ... Ihr werdet dafür sorgen, dass auch mein Körper meiner Seele folgt. Du, meine Tochter, musst dich dann noch den drei großen Prüfungen unterziehen. Den Prüfungen des Feuers, der Luft und des Wassers. Es sind diese Elemente, mit denen wir, die Herrscherinnen von Affalnau, uns verbinden müssen, weil unser Glück und die Fruchtbarkeit unserer Herden von ihnen abhängen. Feuer, Luft und Wasser wollen dich kennenlernen und in deiner Macht bekräftigen. In diesen Prüfungen wird der Name offenbar werden, unter dem du dein Amt ausübst.«

Kaum dass sie mit diesem Satz geendet hatte, da erhob sich Lärm an der Tür von einem Streit. Jemand wollte in den Turmsaal herein und die Wachen hatten sie aufgehalten.

Deirdre sah, wie Aillil für einen Moment die Augen schloss, und dann sagte sie matt: »Es ist Aryddwyn ... lasst sie vor.«

Eine große, stolze Frau mit wild in die Luft stehenden blonden Haaren, in der Hand ein kurzes Schwert, stürmte herein. Sie trug ein Kettenhemd, Beinkleider aus hellem Ziegenleder und Reitstiefel, aus deren Schäften Wurfmesser ragten. Zornig rief sie mit einer tiefen Stimme: »Was geht hier vor? Wer ist diese Fremde, von der man sagt, sie wolle Herrscherin von Affalnau werden?«

»Beruhige dich, Aryddwyn, spar dir deinen Zorn für den Kampf gegen unsere Feinde. Und denke daran, dass wir immer die Freundlichkeit schätzen«, sagte Aillil und hob mit Mühe ihre knochige Hand.

»Es ist so prophezeit und wenn die Göttin es so will, wirst du es nicht ändern können. Ich kenne deinen Ehrgeiz. Schon oft habe ich dir gesagt, du tätest gut daran, ihn zu zügeln. Hier ist Platz für jeden, Affalnau nach seinen Fähigkeiten zu dienen.«

Die Frau stieß ihr Schwert in die Scheide, verzog das Gesicht zu einer Grimasse und musterte Deirdre von Kopf bis Fuß.

»So ... und unter dir soll ich dienen. Nun, wir werden sehen, was der Wille der Göttin ist.«

»Aryddwyn ist unsere Vorkämpferin«, sagte Aillil flüsternd, »sie kommt aus dem Clan der Schmiedeweiber aus den Gullachbergen. Sie hat für uns manche Gefechte gegen die Nordmänner gewonnen. Ihr werdet beide aufeinander angewiesen sein. - Aryddwyn, ich will, dass ihr Freundinnen werdet. Versprich mir das. Meine Stunden sind gezählt. Ich will, dass Eintracht herrscht unter den Unsrigen, wenn ich nun die Fahrt in den Westen antrete.«

»Wie es die Göttin will«, sagte Aryddwyn mürrisch. Sie ergriff Deirdres Hand und der war es, als kralle sich Eisen um ihre Finger und als sei das Eisen kalt und rostig.

»Ich verlange noch mehr von dir, Aryddwyn«, kam wieder Aillils Flüstern, »ich will, dass du es bist, die sie bei der Göttin einführt.«

Deirdre spürte einen Blick auf sich ruhen, in dem unterdrückter Zorn aufblitzte, aber Aryddwyns Stimme gewann jetzt eine gemäßigte Freundlichkeit.

»Dann komm«, sagte sie, als habe sie sich entschlossen, die Entscheidung rasch hinter sich zu bringen, »ich führe dich vor die Göttin.«

»Warte«, sagte Aillil, »wenn sie zurückkommt, werden wir uns nur noch in unseren Gesichten begegnen. Ich möchte, dass sie den Ring der Insel von mir selbst erhält. Aryddwyn und Orma, ihr seid Zeugen, dass Deirdre den Ring der Herrscherin aus meiner Hand erhalten hat, und da ihr Zeugen seid, seid ihr auch in besonderem Maße zu Treue verpflichtet. Versprecht mir, Deirdre mit eurer Erfahrung beizustehen. Sie wird euren Beistand brauchen.«

Die beiden Frauen, die sie angesprochen hatte, verneigten sich. Dann winkte Aillil Aryddwyn heran, streckte ihre dürre Hand vor. Die Vorkämpferin streifte ihr den Ring ab und steckte ihn, immer noch mit ziemlich finsterem Gesichtsausdruck, Deirdre an den Zeigefinger der linken Hand.

Deirdre warf einen Blick auf den Ring. Er bestand aus gebogenem Silberdraht und stellte eine Schlange dar, deren Kopf auf den Kreisen ruht, die ihr zusammengerollter Leib bildet.

Etwas Seltsames geschah. Deirdre spürte, wie etwas sie durchfuhr. War es Glaube, war es Wissen? Es war, als werde plötzlich etwas in ihr aufgedeckt, was in einem versteckten Winkel ihrer selbst immer vorhanden gewesen war. Sie sah die Göttin nicht in ihrer irdischen, sondern in ihrer allmächtigen Gestalt. Sie sah ein Licht, das in allen Dingen ist, ein Licht,

das in Menschen, Tieren, Pflanzen und Steinen nur wider-
leuchtet, aber jetzt sah sie es rein, weiß brennend. Ihr war, als
ob sie in das Licht eines Blitzes schauen könne. Sie wusste
plötzlich, dass auch das besondere Licht draußen über der Insel ein Widerschein dieses Lichts war. Es war schön. Es war
wie die Essenz von Schönheit, aber zugleich schmerzte es so
sehr, dass sie aufschrie.

Sie taumelte. Orma sprang ihr bei und stützte sie. Wie aus
einem Munde sagten alle drei Frauen: »Die Göttin hat sie berührt!«

Dies war ein günstiges Omen.

Selbst Aryddwyn blickte nun etwas freundlicher drein.
Deirdre kam es vor, als habe sie eine große Anstrengung hinter sich. Sie hatte weiche Knie, in ihren Schläfen hämmerte
ein pulsierender Schmerz. Doch stolz richtete sie sich auf und
zu Orma und Aryddwyn sagte sie: »Gehen wir!«

»Ihr wart Zeuginnen dessen, was geschehen ist«, hörte sie
Aillil flüstern. »Und du, meine Tochter, vergiss nicht: Du hast
meinen Segen!«

Sie traten hinaus auf den Burghof.

Deirdre erkundigte sich nach Gundula. Orma beruhigte
sie. Das Kind sei gut versorgt.

Sie folgte Aryddwyn und Orma über die Zugbrücke. Sie
lief durch einen dichten Buchenwald aufwärts. In der Ferne
sah sie ein hohes Gebirge.

»Die Schneeberge von Gullach«, erklärte Aryddwyn.

Sie kamen an einen überhängenden Felsen. In einer Grotte
entsprang eine Quelle. Aryddwyn wies in das Dunkel.

»Dort«, sagte sie. »Und trink von dem Wasser.«

Die Grotte stand da wie ein riesiges Maul.

Langsam trat Deirdre ein und sah die in den Felsen ge-
hauenen Statuetten. Drei Frauen: eine junge Frau, eine müt-
terliche Frau, eine alte Frau. Sie waren auf Stühlen sitzend
dargestellt. Die eine hielt eine Ähre in der Hand, die andere

hatte ein Kind auf dem Schoß, neben der alten lehnte eine Sense.

Vorhin, als Deirdre das grelle Licht gesehen hatte, war Schrecken in sie gefahren und sie hatte Schmerz empfunden. Jetzt überkam sie eine sanfte, ruhige Gewissheit. Sie merkte, wie ihre Ängste sich auflösten, wie sie eine Bestärkung erfuhr. Sie musterte die Statuen der drei Frauen. Sie hielt lange mit ihnen Zwiesprache. Dann ging sie zu der Quelle und trank. Das Wasser schmeckte nach Stein und Eisen. Und kaum war der erste Tropfen über ihre Lippen gegangen, da bemächtigte sich ihrer ein Gesicht. Sie sah in die Tiefe des Felsmauls hinab. Sie sah in eine Höhle von gewaltigen Ausmaßen, in der ein unheimliches, rötliches Licht waberte und sich ein schuppiger Leib ringelte, der keinen Anfang und kein Ende zu haben schien. Er war wie ein Drache, aber sie suchte vergeblich nach einem Maul oder Augen.

Ein Grollen aus der Erdtiefe riss sie aus der Verwunderung, mit der ihr Blick diese Gestalt in dem undeutlichen Licht der Tiefe verfolgt hatte. Sie hörte Orma hinter sich sagen: »Die Göttin hat abermals gesprochen!«

»Ohne Zweifel«, sagte Aryddwyn, offensichtlich beeindruckt. »Was hast du gesehen?«

Deirdre wollte antworten, den schuppigen Leib beschreiben, der so endlos war, da bebte die Erde abermals. Diesmal jedoch war es kein Geräusch wie vorhin, eher eine Erschütterung, bei der sie für einen Bruchteil von Zeit in einem leeren Raum schwebte.

Alle drei Frauen stürzten hin. Altes Laub vom letzten Jahr raschelte.

Sie rappelten sich auf. Orma sagte: »Die Göttin hat sie bestätigt.«

Aryddwyn aber machte ein Gesicht wie jemand, für den nun auch die letzte Hoffnung dahingeschwunden ist. Sie nickte verdrossen.

»Dann bestätige es laut«, verlangte Orma.

»Die Göttin will, dass sie unsere Herrscherin wird«, sagte Aryddwyn, »von nun an bis zu der Stunde, da sie die Reise in das Land im Westen antritt.«

Als sie zurückkamen in die Burg, hörten sie, dass Aillil die Augen für immer geschlossen hatte.

Deirdre traf Gundula in einem Garten inmitten eines Kreises von Frauen, die dem Kind ein weißes Kaninchen zum Spielen gegeben hatten. Sie bettelte so lange, bis Deirdre ihr erlaubte, es mit ins Haus zu nehmen.

»Wo werden wir wohnen?«, fragte sie Orma.

»In dem runden Turmsaal, in dem du mit Aillil gesprochen hast. Es ist der Saal der Herrscherin«, erklärte ihr Orma.

Als sie eintraten, war der Sessel, in dem Aillil gekauert hatte, leer. Nur die Decken und Felle, in die sie eingehüllt gewesen war, lagen noch da. Deirdre ging umher und sah sich in dem großen Raum um. Gundula hatte sich auf den Boden gesetzt und spielte mit dem weißen Kaninchen. Waffen hingen an den Wänden, halb zerfallenes Tuch von Fahnen, von der hohen Decke des Raumes baumelten Gebinde aus vertrockneten Blumen herab. Auf einem breiten Tisch lag eine Garbe Weizen. Die meisten der Ähren hatten ihre Körner ausgeschüttet. Unter den Halmen blinkte die Klinge eines Schwertes.

In einer Ecke stand ein Bett. Ein mächtiger Vierpfoster mit einem Baldachin. Deirdre machte sich nicht die Mühe, den Überwurf abzunehmen. Sie ließ sich einfach auf das Bett fallen. Noch einmal erschien ganz deutlich der grün geschuppte Leib des Drachen im rötlichen Licht vor ihrem inneren Auge. Sie wollte fragen: »Orma, weißt du etwas von einem Drachen?«, aber ihre Zunge gehorchte ihr nicht mehr. Für einen Moment begriff sie, dass der Drache ein Sinnbild für eine Gefahr sein mochte. Sie konnte nicht länger darüber nachdenken, sie war zu müde. Sie versank in Schlaf ...

Als sie die Augen aufschlug, war es sehr hell. Alle Fenster standen offen. Draußen musste ein sonniger Tag sein. Licht flutete in den Turmsaal. Deirdre sah, wie zwei Frauen ein hölzernes Schaff [16] hereintrugen und aus Holzeimern Wasser hineinzuschütten begannen. Orma kam und sagte, sie habe eine Nacht, einen Tag und noch einmal eine Nacht geschlafen. Nun habe man sie wecken müssen. Bei der Totenfeier für Aillil sei ihre Anwesenheit erforderlich. Gewiss wolle sie ein Bad nehmen?

Als Deirdre sich in das Schaff setzte, war das Wasser wie ein kalter Biss. Augenblicklich wurde sie hellwach davon.

Es waren Frauen da, die sie wuschen. Als sie selbst den Schwamm nehmen wollte, verwehrten sie es ihr. Als sie aus dem Schaff stieg, trockneten sie sie mit großen, weißen Tüchern ab und brachten ihr saubere Kleider. Eine andere Frau kam herein mit zwei Schalen, in denen sich weißer und blauer Ton befanden. Die Farbe der Trauer auf der Insel war weiß. Sie malten ihr ein maskenartiges Muster auf Gesicht und Hals.

Derweil dachte Deirdre über die merkwürdigen Ereignisse nach, die sich vor dem langen, abgrundtiefen Schlaf zugetragen hatten.

Sie war Herrscherin über Affalnau.

Nein, noch nicht. Was waren das für Prüfungen, von denen Aillil gesprochen hatte? Alles geschah wie selbstverständlich und war doch höchst wunderbar.

Es fiel ihr auf, dass die Weizengarbe auf dem großen Tisch verschwunden war. Das Schwert lag aber noch da und neben dem Schwert lag das Buch mit den schönen Bildern, das Evangeliar. Sie versuchte, sich daran zu erinnern, wann sie den Lederbeutel, in dem es steckte, zum letzten Mal in der Hand gehabt hatte. Sie fand diesen Augenblick nicht wieder.

---

16 Eine Wanne, ein Zuber.

Die Frauen brachten eine schwere Goldkette und legten sie ihr um. Sie hielten ihr einen Spiegel hin. Ein Gesicht, das ihr fremd war, blickte sie an. Die Frauen brachten auch kleine Fläschchen aus grünem und blauem Glas, träufelten eine wohlriechende Essenz auf Wolle und betupften damit ihre Ohrläppchen.

Deirdre blickte auf den Ring an ihrer Hand. Beruhigung ging von ihm aus. Gundula kam hereingerannt und plapperte davon, dass viele Leute von überallher kämen und ein Schiff verbrannt werden solle, sobald es dunkel sei. Dann sprang sie wieder hinaus. Für sie gab es in der Burg viel zu entdecken.

Der Tag verging mit den Vorbereitungen für das Schiffsbegräbnis von Aillil. Deirdre saß in dem Turmsaal und in schier endloser Folge drängten Frauen herein, verneigten sich vor ihr. Viele sprachen freundliche Worte, mit denen sie ihr Vertrauen bekundeten. So viel Vertrauen, so viele Erwartungen und Hoffnungen, dachte sie. Und ich soll alldem gerecht werden. Immer wieder, wenn sie Furcht überkam, senkte sie den Kopf, blickte auf den Schlangenring und die Zuversicht stellte sich wieder ein.

Dann war es Abend. Orma und Aryddwyn führten sie vor die Burg. In ihrem Rücken hörte Deirdre ein Geräusch, das sie beunruhigte. Sie wandte sich um. Auf den drei kleineren Ecktürmen der Burg brannten große Scheiterhaufen. Es war das Knistern und Krachen der im Feuer vergehenden Buchenscheite, was sie gehört hatte.

Sie erreichten den Strand. Sie schritten durch die schwatzenden Frauen, deren Gespräche sofort verstummten.

Stille breitete sich aus. Die einzigen Geräusche waren schließlich das leise Rauschen des Meeres und das Knacken des brennenden Holzes auf den Türmen. Man hatte Aillils Leichnam auf einem Floß aufgebahrt. Das Floß war mit Reisigbündeln beladen. Ein Segel war gehisst. Ein rotes Segel. Vom Mast lief ein Seil zu einem Felsblock auf dem Strand. An einem Eisenring war das Seil befestigt. Fanfarenbläserinnen hatten Aufstellung genommen.

Ein Signal ertönte. Orma reichte Deirdre eine Axt mit doppelter Schneide. Neben dem Totenfloß sah sie Frauen in einem Boot rudern. Sie schwenkten Fackeln. Gundula drängte sich heran und suchte nach Deirdres Hand.

Um das Seil zu zertrennen, musste sie die Hand des Kindes loslassen. Die Fackeln flogen auf das Floß.

»Der Wind steht günstig«, hörte sie Aryddwyn sagen. »Er weht nach Westen.«

Das brennende Floß trieb aufs Meer hinaus davon.

Totenfeiern auf Affalnau waren alles andere als eine düstere oder traurige Angelegenheit. Und wenn man fragte, warum das so war, erfuhr man, dass man sich Tod und Leben wie eine Schlange vorzustellen hatte, die sich in den Schwanz biss. Aus dem Leben ging der Tod hervor, aber aus dem Tod auch das Leben. Und jene Zeit, die die Wesen im Westen verbrachten, war nur eine Zeit der Ruhe zwischen dem einen und dem anderen Leben, so wie ein Winter zwischen zwei Sommern liegt. Große Zelte waren zwischen den Bäumen über dem Strand aufgestellt worden. Die Frauen saßen an langen Tischen und verspeisten Hammelkeulen. An Getränken gab es vergorene Milch und Apfelwein. Deirdre ging mit ihrer Tochter durch die Reihen der Trauergäste und wohin sie kam, sprangen die Frauen auf, beugten die Knie und wollten ihren Ring küssen. Das bringe Glück und Erntesegen, flüsterte ihr Orma zu, die immer nahe bei ihr blieb.

Deirdre hörte die Namen der Bezirke und der Gehöfte, aus denen die Frauen stammten:

»Aus dem Gehöft der Wasserflöhe in den drei Dörfern der Fischerinnen.«

»Aus dem Gehöft der Grillen in den Apfelgärten von Daruun.«

»Von der Quelle von Illis aus dem Haus des Eulenclans.«

»Vom Forellenbach in den Gullachbergen.«

Sie kamen zu einer Reihe von Tischen, an denen Frauen saßen, die alle Kettenhemden und Beinkleider aus Ziegenleder trugen.

»Meine Kriegerinnen«, stellte Aryddwyn sie vor und setzte sich in ihre Mitte. Zum ersten Mal begegnete Deirdre kritischen Blicken. Nicht direkt feindlich, aber ohne jenes Vertrauen und jene bestärkende Freundlichkeit, mit denen sie all die anderen Gesichter angeschaut hatten.

Später gab es Musik. Fiedeln, Trommeln, Dudelsäcke. Deirdre hätte Lust gehabt mitzutanzen, aber das war ihr nicht gestattet. Ihr Kind wirbelte mit anderen Kindern herum. Alles nur Mädchen. Deirdre hatte viele Frauen gesehen, die schwanger waren. Sie mochte immer noch nicht glauben, dass die Jungen dem Meer übergeben wurden, sobald die Mütter sie nicht mehr stillten. Es begann schon hell zu werden, als die letzten Gäste vom Strand aufbrachen.

Gelächter und die Anfeuerungsrufe für die Pferde.

»Glück dir, Herrscherin von Affalnau.«

»Besuche uns. Wir sind die Spiegelmacherinnen aus Kaspi.«

»Auch beim Clan der Eichhörnchen in den Fichtenwäldern von Guarta bist du willkommen.«

»Gesundheit für deine Tochter. Und mögest du Affalnau noch viele Töchter schenken.« Das hatten sie ihr zum Abschied zugerufen. Der Sand war jetzt kühl unter Deirdres nackten Sohlen. Orma ging hinter ihr und trug das schlafende Kind auf den Armen. Deirdre sah aufs Meer hinaus. Das Totenfloß war hinter dem Horizont verschwunden.

Ein gutes Omen, hatte sie die Frauen sagen hören.

Als Deirdre die Burg betrat, grüßten die Frauen, die Wache hielten. Auch sie beugten die Knie, wollten den Ring mit ihren Lippen berühren.

Der runde Raum war ihr nun schon vertraut. Das Kind schlief drüben im Haus der Mägde.

157

So ging für Deirdre die Totenfeier für Aillil zu Ende.

Und es wird erzählt in Erinn, wie sich Deirdre auf Affalnau den drei Prüfungen unterzog.

In der Ebene von Aird, mitten unter den vielen Apfelbäumen, stand ein Apfelbaum, der war größer als alle anderen; so hoch war er gewachsen, dass sein Wipfel die Wolken berührte. Breit und weit verzweigt waren seine Äste. Dorthin führte Aryddwyn mit einer Hundertschaft ihrer Kriegerinnen Deirdre, denn dies war der Ort, an dem die Elementargeister der Herrscherin von Affalnau begegneten und sie ihren Namen erhielt. Drei Nächte musste sie hinauf ins Geäst steigen und die Kriegerinnen umstellten den Baum in einem weiten Kreis und waren Zeuginnen dessen, was dort geschah.

Als Deirdre nun in der dritten Nacht im Baum saß und die unter dem Mond dahintreibenden Wolken betrachtete, war ihr die Göttin gnädig. Ein Schwarm von Krähen kam aus dem Osten heran und ließ sich auf dem Baum nieder. Es waren so viele, wie in einem guten Jahr Früchte an den Zweigen eines Baumes hängen, und das will heißen, es waren sehr viele.

Sie saßen nicht nur im Gezweig; die Kriegerinnen beobachteten auch, dass sich einige der Tiere Deirdre auf den Kopf, auf die Schultern und auf die ausgestreckten Arme setzten und es schien, als führten sie mit ihr ein langes Gespräch. Und ehe es hell wurde, kam eine große Krähe zu Aryddwyn und verkündete ihr, der Name ihrer neuen Herrscherin sei Morrigu.

Wie die Sonne aufgegangen war, teilte Aryddwyn diesen Namen ihren Kriegerinnen mit und rief ihn laut in alle vier Himmelsrichtungen. Da erhob sich der Krähenschwarm von dem Baum. Die Vögel flogen nach Süden und Norden, nach Osten und Westen davon. Bis es wieder Abend wurde, gab es keine Frau auf der ganzen Insel, der nicht der Name ihrer neuen Herrscherin bekannt gewesen wäre. Und da dies hinfort Deirdres Name war, soll sie von nun an auch hier, wenn von ihr erzählt wird, Morrigu genannt werden. Morrigu aber hieß in früherer Zeit eine große Königin, die auch »Krähe der Schlacht« genannt worden war. Diese Erinnerung, die der Name hervorrief, weckte bei Aryddwyn neuen Groll gegen Deirdre, weil sie fürchtete, dieser Name werde ihrem eigenen Ruhm als tapfere Kriegerin abträglich sein. Da jedoch all ihre Kriegerinnen Zeuginnen geworden waren, wie die Krähen den Namen verkündet hatten, und da sie sich dem so eindeutig kundgetanen Willen der Großen Göttin nicht widersetzen durfte, sprach sie nicht offen von ihrem Groll und Neid, sondern behielt ihn für sich. In ihr aber fraß er an ihrer Leber so sehr, dass ihr Gesicht davon eine gelbliche Färbung annahm.

Da nun Deirdre, die jetzt Morrigu hieß, auf die Burg zurückkehrte, sah Orma, dass ihre Freundin an Armen und Beinen, am Hals und im Gesicht Wunden hatte, die nur langsam verheilten. Eines Tages, als sie allein waren, fragte sie Morrigu, worin eigentlich die Prüfung der Luft und des Windes bestanden habe.

Da erzählte ihr Morrigu dies: »Als die Krähen einfielen, schrien und zankten sie. Aber ich begriff nicht, was sie mir sagen wollten. Sie versetzten mir so viel Schnabelhiebe, dass ich meinte, sie wollten mich von dem Baum vertreiben, aber ich war entschlossen, vor ihnen nicht zu weichen, koste es, was es wolle. Wie es nun gegen Morgen ging, hörte ich aus ihrem Krächzen, an das ich mich langsam gewöhnt hatte, eine Frage heraus. Ich hörte, wie sie mich fragten: Was gilt dir am meisten? Ich ließ mir Zeit mit der Antwort. Und wieder misshandelten sie mich mit ihren Schnäbeln, so als wollten sie mich antreiben. Endlich sagte ich, die Liebe gelte mir am meisten. Da hörten sie auf, mich zu hacken, wurden plötzlich ganz ruhig und freundlich und als der neue Tag anbrach, verkündeten sie meinen Namen.«

Nach diesem Ereignis wurde es Sitte unter den Frauen der Insel, sich einen Kopfschmuck oder ein Federkleid aus dem Gefieder von Krähen zu machen, und schließlich geriet diese Vogelart dadurch in Gefahr, ausgerottet zu werden. Und Morrigu musste bei schwerer Strafe befehlen, dass keiner der Vögel mehr mit Pfeil und Bogen geschossen oder in Fallen gefangen werden dürfte. Trotzdem aber erhielt sich bei vielen Frauen das Verlangen nach dem Besitz von Krähenfedern, weil man glaubte, an ihnen hänge ein Zauber.

Die zweite Prüfung kam und dazu führten Orma, Aryddwyn und eine Hundertschaft ihrer Kriegerinnen Morrigu hinauf in das Gebirge von Gullach. Dort erhob sich der Berg Huskildaf, der von Zeit zu Zeit Feuer spie, freilich ohne dass die Lava bisher je eine menschliche Siedlung bedroht hatte. Sie hatten einen Ausbruch des Vulkans abgewartet und Morrigu musste dem Lavastrom entgegengehen, auf ihm niederknien und ihn mit ihrer Hand besänftigen. Und wenn er danach aufhörte weiterzufließen, galt die Feuerprobe als bestanden.

An dem Tag, an dem sie sich auf den Weg machten, bestrich Orma die Hände, die Fußsohlen, die Schienbeine und die Knie der Freundin mit Harz. Morrigu wollte protestieren, aber Orma sagte zu ihr: »Meinst du, dass sonst irgendeine der Herrscherinnen vor dir diese Probe lebendig überstanden hätte?«

Scheinbar unbekümmert stieg Morrigu alleine jene Bergschlucht hinauf, durch die die Lava hinabbrann. Doch als sie vor dem brodelnden Fluss stand, überkam sie Furcht. Die geschmolzene Masse war wie ein vorzeitliches Tier. Sie war Erde und Feuer zugleich. Sie kroch vorwärts, unablässig verschlingend. Welche Kraft konnte das aufhalten? Morrigu sah auf ihren Ring, und Furcht und Zweifel wichen. Sie trat auf die Lava, und die große Hitze war nur wie ein leichtes Kribbeln unter ihren Fußsohlen zu spüren. Sie kniete nieder und fuhr mit der Handfläche über das flüssige Feuer. Und das doppelte Wunder geschah. Weder floss die Lava weiter, noch trug Morrigu auf der Haut Brandwunden davon. Sie stand auf. Sie kehrte zu den anderen zurück, wies ihre unverletzten Handflächen den Frauen vor, die mitgekommen waren, und sie huldigten ihr.

Nach der Rückkehr ins Robbenschloss begab sich Morrigu erneut in die Quellgrotte und verharrte dort lange vor den Statuen der drei Frauen. Orma aber erzählte sie von der zweiten Prüfung dies: In jenem Augenblick, da sie sich auf das flüssige Feuer gekniet habe, sei ihr wieder der Drache in der Erdtiefe vor Augen gestanden, doch ehe sie dieses Gesicht habe ausforschen können, sei von der Lava ein Raunen aufgestiegen. Eine Stimme habe gefragt, welches sie für sich als die höchste Tugend erachte. Sie habe kurz nachgedacht und dann geantwortet: die Tapferkeit. Diese Antwort habe vor den Geistern des Feuers Gnade gefunden.

Nun stand noch die letzte Prüfung aus und was Morrigu darüber in Erfahrung bringen konnte, war nicht mehr, als dass sie bei jenem Fest stattfinden würde, das in einer Vollmondnacht im Spätsommer auf dem Strand begann und sich über eine Woche lang hinzog. Am ersten Abend dieses Festes würden die Robbenmänner heranschwimmen. Sie würden den Strand betreten, dort ihre Verkleidung ablegen, die die Tierwesen trugen, wenn sie den Menschen erschienen, und als irdische Männer mit den Frauen tanzen und sie lieben.

Die Nächte des Spätsommers kamen. Es war Koltum, der König des Reiches unter den Wellen, der bei dem Fest um Morrigu warb. Er war ein schöner Mann, kräftig, mit kühnen Augen, gewandt, von ruhiger Gelassenheit und selbstverständlicher Würde. Er gefiel ihr besser als manch irdischer Mann, den sie gekannt hatte.

Sie tanzten miteinander und wurden miteinander vertraut. Und es war am zweiten Abend, als er sie beim Tanz fragte, welches die wichtigste Eigenschaft einer Gemeinschaft zwischen Mann und Frau sei. Nach kurzem Bedenken sagte sie: »Zärtlichkeit, denn sie heilt die Wunden, die die Welt schlägt.«

Diese Antwort schien ihm zu gefallen. Er hielt um ihre Hand an. Sie wurde seine Frau und alle anderen Frauen, die zu dem Fest gekommen waren, nahmen teil an ihrem Glück, als sei es ihr eigenes.

Die Freundschaft zwischen den Frauen von Affalnau und den Robbenmännern aus dem Reich unter den Wellen wurde beim Abschied erneut beschworen. Und jeder der Männer versprach, der Frau, mit der er auf dem Fest getanzt und die er in diesen Nächten geliebt hatte, bis zu ihrem Wiedersehen im folgenden Jahr viele Fische zuzutreiben oder ihr Bernstein auf den Strand zu werfen, der zur Herstellung von Ketten und Ringen sehr beliebt war.

Es war ein fröhliches und heiteres Fest gewesen, mit viel Gelächter, Späßen und übermütigen Tänzen. Nur der Abschied von den männlichen Kindern, die die Väter wieder mitnahmen, stimmte Morrigu traurig und sie hörte manche Frau sagen, wenn sie ein Kind bekäme, wünschte sie sich ein Mädchen, damit sie es nicht, kaum dass es zur Welt gekommen sei, wieder fortgeben müsste in das Reich unter den Wellen.

Wochen und Monate vergingen. Auf der Ebene von Aird wurden die Äpfel geerntet und es war eine gute Ernte. Die Fischfänge waren reichlich in diesem Herbst und Morrigu war angesehen und beliebt als Herrscherin. Sie bereiste alle Teile der Insel. Sie sah die Werkstätten der Weberinnen in Perkum im Süden und die Frauen zeigten ihr, wie sie Wolle färbten mit den Schalen von Nüssen und mit dem Saft von Schnecken, die sie am Strand sammelten. Sie stieg zu den Schmiedeweibern im Gebirge unter dem Feuerberg hinauf, die Erz zu Eisen verhütteten und daraus die kurzen, krummen Schwerter fertigten. Sie besuchte den Clan der Pferdezüchterinnen, der nördlich des Schwarzen Strandes wohnte. Sie hielt Gericht an all diesen Orten und schlichtete die Streitigkeiten, die man ihr vortrug, im Namen der Göttin, wie man das von der Herrscherin über die Insel erwartete.

Während dieser Monate spürte sie, wie ein Kind in ihrem Leib wuchs. Sie sprach zu Gundula davon, dass sie eine

Schwester oder einen Bruder bekommen werde. Sie war glücklich, weil sie merkte, wie dankbar alle Frauen ihr waren, dass die Zeit der Not, die mit Aillils Krankheit im Zusammenhang gestanden hatte, nun vorbei war.

Nur hin und wieder überfiel sie eine Traurigkeit, deren Ursache sie nicht zu ergründen vermochte, und sie lag nachts schlaflos wach. Orma schrieb es ihrer Schwangerschaft zu, schickte nach einer Ärztin. Die Frau stammte aus den wilden Clans, die in den Fichtenwäldern von Guata lebten. Sie ernährten sich von der Jagd und sammelten heilkräftige Wurzeln und verkauften sie. Und manchmal ließen sich Frauen von ihnen auch Liebestränke brauen, die sie den Robbenmännern auf dem Sommerfest kredenzten. Die Ärztin war klein, fast eine Zwergin, und hatte eine lederne, braune Haut. Sie untersuchte Morrigu gründlich. Sie versicherte ihr, es gäbe keinen Grund zur Beunruhigung, verschrieb aber dann doch einen Tee, von dem sie lächelnd meinte, er werde ihr angenehme Träume schenken.

Die Winterstürme kamen. Schnee fiel und die Wege zwischen den einzelnen Siedlungen waren schwer zu begehen. Morrigus Leib war schwer von dem Kind, das sie in sich trug.

Einmal saß sie im Turmsaal. Da redete sie mit Orma und Aryddwyn über die Gewohnheit, die männlichen Kinder herzugeben an ihre Väter, die Robbenmänner. Grausam nannte sie diese Sitte und ein böses Schicksal für eine Mutter, die ihre Kinder doch liebe, gleichgültig, ob es ein Mädchen sei oder ein Junge. Aber die beiden anderen Frauen widersprachen ihr heftig und sagten, so sei es immer gewesen und so müsse es bleiben, denn wenn man die Jungen nicht ins Meer gäbe, würden die Robbenmänner sich gewiss weigern, ihnen Fische zuzutreiben, und ohne Fische als Nahrung seien sie auf der Insel verloren.

Da erwachte in Morrigu wieder ihr Eigensinn und zum ersten Mal kam ihr nachts im Traum der Gedanke, ein Schiff zu bauen und danach viele Schiffe, Holz und Wolle damit hinauf nach Island zu bringen und von dem Erlös Getreide zu kaufen für Zeiten, in denen wenig Fisch gefangen wurde. Davon redete sie nicht zu Orma und Aryddwyn. Wenn sie in die Quellgrotte ging und vor den Steinbildern der Göttinnen stand, bat sie diese, ihr keinen Sohn zu schenken, sondern eine Tochter, denn sie ahnte schon, was geschehen würde, wenn sie einen Jungen zur Welt brächte.

Der Frühling kam und die Geburt des Kindes rückte näher. Da hatte Morrigu eines ihrer Gesichte. Sie sah den Prinzen in Norwegen, den sie hatte heiraten sollen, Vorbereitungen treffen in einer hölzernen Halle für eine Fahrt nach Erinn und hörte mit an, wie er sich mit seinen Männern beriet und ihnen sagte, er wolle nach der Frau forschen auf der Insel Affalnau, wenn sie dort auf der Fahrt nach Erinn anlegten, um Wasser zu schöpfen.

Morrigu sprach zu Orma von ihrem Traum. Orma aber lief zu Aryddwyn und trug ihr erhöhte Wachsamkeit für das Frühjahr auf. Die schickte Späher hinüber zum Schwarzen Strand und hieß die Kämpferinnen, ihr umgehend mit berittenen Boten Nachricht zu schicken, wenn sich ein Schiff der Nordländer auf hoher See zeigte, das Kurs auf die Bucht nahm, denn es verlangte sie sehr danach, ihren Ruhm zu erneuern.

Morrigus Kind wurde geboren, und es war ein Junge.

Gundula reagierte voller Eifersucht auf die Geburt ihres Bruders und als man ihn ihr zeigte, klatschte sie in die Hände und rief: »Hurra, bald muss er ins Meer, bald werfen wir ihn wieder ins Meer!«

Morrigu schlug sie für diesen Ausruf und als es geschehen war, schämte sie sich über ihre Unbeherrschtheit.

Wie es üblich war, kamen viele Frauen zu der Wöchnerin, um ihr Glück zu wünschen und für das Neugeborene Geschenke zu bringen. Nur Aryddwyn kam nicht und Morrigu wurde darauf aufmerksam. Sie erkundigte sich bei Orma nach der Vorkämpferin und diese sagte: »Nimm es ihr nicht übel, aber sie war sehr beschäftigt.«

»Wieso sehr beschäftigt?«

»Während du in den Wehen lagst, sind die Nordländer in der Schwarzen Bucht gelandet. Es hat ein Gefecht stattgefunden. Aber Aryddwyn und ihre Hundertschaft haben sie in die Flucht geschlagen.«

»Warum hat mir niemand etwas gesagt?«, rief Morrigu und ihre Blicke sprühten Zorn. »Wer ist Herrscherin auf dieser Insel – ich oder Aryddwyn?«

»Sieh auf den Ring«, erwiderte Orma, »Aryddwyn hat getan, was getan werden musste. Warum sie deswegen schelten? Morgen wird sie zurück sein und dir Bericht erstatten.«

Aryddwyn kam. »Es werden keine Nordländer mehr mit ihren schmutzigen Mäulern unsere Quelle verunreinigen«, sagte sie und händigte Morrigu einen goldenen Stirnreif aus. »Von deinem Prinzen«, fuhr sie fort, »ich habe ihm den Kopf abschlagen lassen und ihn mitgebracht. Wenn du ihn sehen willst, er steckt draußen auf einer Stange.«

»Wie viele Menschen sind gefallen?«, fragte Morrigu.

»Die Nordländer alle. Aus unserer Hundertschaft ... dreißig Frauen. Aber wir haben auch das Schiff der Nordmänner an uns gebracht.«

»Ein Schiff«, sagte Morrigu, »wie aus einem Traum.«

»Ich wusste, dass dir ein Schiff gefallen würde, Herrin«, erwiderte Aryddwyn mit einem bösen Lächeln.

»Geh mir aus den Augen ... dieses Schiff ist teuer bezahlt«, rief Morrigu. Sie wandte sich brüsk ab. Später ging sie zur Grotte und sprach vor den Statuen eine Fürbitte für die Toten.

Orma aber hörte in den Tagen darauf von mehreren Frauen, sie verstünden nicht, warum Aryddwyn als Auszeichnung für einen so großen Sieg kein Apfelzweig zugesprochen worden sei, in der Zeit der Blüte, wie es Brauch war.

Als das Maifest gefeiert wurde, trat Aryddwyn vor Morrigu hin. Sie erklärte, sie wolle ihr Amt als Vorkämpferin niederlegen und sich zu ihrem Clan ins Gebirge zurückziehen. Morrigu nahm ihren Rücktritt an und ernannte keine neue Vorkämpferin. Aryddwyn verließ grollend das Robbenschloss. Auch als Morrigu erfuhr, dass alle Kämpferinnen mit ihr gegangen waren, erhob sie keinen Widerspruch, befahl auch nicht, eine neue Hundertschaft aufzustellen. Wohl aber ordnete sie an, für die auf dem Schwarzen Strand Gefallenen ein großes Steinmal errichten zu lassen.

Die Entlassung Aryddwyns als Vorkämpferin war die erste Entscheidung der Herrscherin, die bei vielen Frauen Unmut hervorrief. Doch Morrigu war glücklich über das Söhnchen, das wuchs und gedieh. Sie gab ihm den Namen Bolus, obwohl es die Sitte erheischte, sich mit dem Vater darüber zu besprechen.

Das nächste Fest mit den Robbenmännern auf dem Strand kam und Morrigu freute sich, Koltum wiederzusehen. Sie zeigte ihm seinen Sohn und er nahm ihn auf die Knie und bestätigte ohne Widerrede den Namen, den Morrigu ihm gegeben hatte. Das Fest verlief zur allgemeinen Zufriedenheit.

Auch Aryddwyn war mit Frauen aus ihrem Clan und Kämpferinnen zum Strand gekommen. Jedermann erwartete, Morrigu werde sie jetzt zur Rede stellen, was ihr eingefallen sei, die Kämpferinnen mit sich zu nehmen, aber darüber fiel kein Wort mehr. Es gab Frauen, die fanden, es mangele der neuen Herrscherin an der Strenge, die unerlässlich sei in diesem Amt. Das waren Frauen, denen Aryddwyns Hochmut und Ehrgeiz ein Dorn im Auge war. Andere fürchteten, eines Tages werde die Insel ganz schutzlos daliegen, aber da in der Zwischenzeit keine Nordmänner mehr gelandet waren, hielt sich die Kritik in Grenzen und mindestens ebenso viel wurde darüber gesprochen, wie schön Morrigu aussah und wie wild und ausgelassen sie wieder mit Koltum getanzt hatte.

Das darauffolgende Jahr brachte keine Ereignisse, die der Erwähnung wert wären. Die Apfelernte war wieder reichlich, die Schaf- und Ziegenherden vergrößerten sich. Große Fischschwärme wurden gesehen und reiche Fänge eingebracht. Keine Nordländer störten den Frieden der Insel. Wenn Orma Morrigu daran erinnerte, sie müsse sich um die Wiederaufstellung der Hundertschaft und um die Ernennung einer neuen Vorkämpferin kümmern, denn der Frieden werde nicht ewig dauern, erwiderte diese, damit habe es keine Eile.

Auch das nächste Fest mit den Robbenmännern verlief in Freude und gutem Einverständnis. Bolus war nun knapp anderthalb Jahre alt. Morrigu stillte ihn noch und so konnte nicht davon die Rede sein, dass Koltum seinen Sohn in das Land unter den Wellen mitnahm. Doch das folgende Jahr hindurch gab es nicht wenige, die darauf warteten, was sich bei dem dritten Fest nach der Geburt des Kindes abspielen werde.

Die Woche des Festes kam und als die Frauen von Affalnau und die Robbenmänner ihr großes Festmahl hielten, bat Koltum die Mutter seines Sohnes mit höflichen Worten, Abschied zu nehmen und ihm Bolus auf die Knie zu setzen, damit er ihn beim Aufbruch mit hinabtrage ins Land unter den Wellen.

Die Gespräche verstummten. Alle Blicke richteten sich auf Morrigu.

Sie hatte an diesem Abend ein Kleid aus Krähenfedern angelegt, von dem es hieß, die Vögel selbst hätten es ihr geschenkt, als sie aus dem Osten auf die Insel kam. An den nackten Armen und um die Fußknöchel trug sie mehrere bei jeder Bewegung klirrende Silberreifen. Unter ihrem schwarzen Haar, das lang und voll herabfiel, und unter dem roten Band, das sich darum wand, wirkte ihr Gesicht, das wieder mit weißem und blauem Ton bemalt war, schmal und scharf. Sie sagte: »Den Jungen werde ich dir nicht ausliefern, Koltum.

Sieh, diese Sitte ist grausam und ungerecht. Sie zerreißt uns Müttern das Herz. Ich werde Bolus behalten und ich fordere alle Frauen auf, die im gleichen Jahr geboren haben wie ich, es mir nachzutun.«

Da entstand ein Tumult beim Bankett, einige der Robbenmänner zogen ihre Schwerter und waren im Begriff, den Müttern ihre Söhne mit Gewalt zu entreißen. Aber Koltum, der ein besonnener Mann war, rief: »Die Schwerter in die Scheide! Sollen Väter und Mütter um ihr Liebstes mit der Waffe in der Hand kämpfen? Entweder ihr Frauen gebt uns, wie es bisher üblich war, unsere Söhne mit guten Wünschen oder wir werden jetzt gehen und ihr seht uns nicht mehr wieder. Ihr mögt dann eure Söhne zu euren Liebsten machen, wenn sie herangewachsen sind.«

»Was du redest«, erwiderte Morrigu, »ist eine Beleidigung von uns Müttern. Warum kann es nicht so sein, dass die Töchter aus dem einen Clan die Söhne des andern Clans heiraten? Wieso habt ihr Männer mehr Anrecht auf eure Söhne als wir Frauen? Die Trennung ist unnatürlich und ungerecht.«

Noch einmal redete Koltum: »Weib, hier vor allen sage ich mich von dir los. Geschieden sind wir von jetzt an, weil du mir meinen Sohn vorenthältst, und wem es so geht wie mir, dem empfehle ich, genauso zu verfahren.«

Also sprangen die Robbenmänner auf von den langen Tischen in den Zelten und zogen davon, aber ohne ihre Söhne. Sie gingen zum Strand, legten ihre Tierkleider an und schwammen grollend hinab in ihr Reich unter den Wellen.

Man kann sich denken, dass auf der Insel kaum von etwas anderem als von diesem Streit die Rede war in den kommenden Wochen. Jene Frauen, die ihre Söhne hätten ausliefern sollen, standen auf Morrigus Seite und priesen ihren Mut und ihre Entschlossenheit. Andere, die keine Söhne besaßen oder noch gar keine Kinder, schimpften und begehrten auf. Sie nannten Morrigus Entscheidung selbstsüchtig und unverantwortlich.

Nur weil sie ihren Goldapfel, ihr Zuckersöhnchen Bolus nicht habe hergeben wollen, habe sie mit dieser uralten Sitte gebrochen, deren tieferer Sinn auf der Hand lag: keine Gemeinschaft zwischen irdischen Frauen und Robbenmännern. Das würde zur Folge haben, dass die Fischschwärme ausblieben, und nach Bernstein auf den Stränden brauchte man nun auch nicht mehr zu suchen. Doch, oh Wunder, genau das trat nicht ein. Noch nie waren die Fischfänge so reichlich gewesen wie in diesen Monaten. Und es fand sich auch weiter Bernstein auf jenen Stränden, an denen man immer schon hin und wieder welchen gefunden hatte. Man solle nur abwarten, sagten jetzt einige, noch sei nicht aller Nächte Morgen.

Selbst wenn aber manche Mutter ihren Sohn in diesem Winter bei dem Gedanken, er könnte ihr genommen worden sein, desto inniger herzte, so gab es doch auch viele, die sich fragten, wer ihr Verlangen nach Liebe stillen werde, sofern keiner der Robbenmänner mehr zum Fest komme. Tatsächlich warteten im nächsten Sommer die Frauen von Affalnau vergebens auf die Besucher aus dem Reich unter den Wellen. Die Frauen feierten allein. Manchen schien es, als könne man die Männer sehr gut entbehren. Einige aber stichelten und empörten sich gegen Morrigu und es waren diese, die sich um Aryddwyn zu scharen begannen.

Auf diesem Fest gab Morrigu bekannt, sie werde mit dem Schiff, das die Kämpferinnen von den Nordleuten erbeutet hatten, mit einer Ladung Wolle und Holz im kommenden Frühjahr nach Island fahren, um einen Handel mit jener Insel zu beginnen.

Geschichte von den Orkney- und Shetland-Inseln

Wie Morrigu von der Insel der Frauen nach Island fuhr

Wer sich mit ihr auf die gefahrenvolle und abenteuerliche Reise begeben wolle, möge sich melden. Sie werde umgehend die Schiffsbesatzung aufstellen und mit dieser den Winter hindurch in einer Bucht im Südwesten den Umgang mit Segeln und Rudern üben. Als sie vom Fest heimgingen, sagte Orma zu ihr: »Nun bekommst du also dein Schiff.«

»Ja«, antwortete Morrigu, »nun bekomme ich es. Aber sag mir, warum wünscht man sich etwas so lange, und wenn man es bekommt, wird man nicht recht froh dabei?«

Die Frage müsse sie sich selbst beantworten, erwiderte Orma kurz angebunden. Doch Morrigu war entschlossen, ihren Plan zu verwirklichen, koste es, was es wolle.

Über Morrigus Schiffsreise nach Island aber erzählt man in Erinn dies:

Ehe Morrigu im Frühjahr mit einem Schiff und dreißig Frauen an Rudern und Segeln nach Island aufbrach, sah sie ihr Söhnchen wie tot auf einem Schneefeld liegen und die Schneeflocken, die aus dem grauen Winterhimmel fielen, waren schwarz.

Sie nahm das als Zeichen dafür, dem Kind, das nun knapp drei Jahre alt war, werde während ihrer Abwesenheit von Affalnau etwas zustoßen – vor allem fürchtete sie einen Anschlag von Aryddwyn. Sie beschloss deshalb, genau umgekehrt zu verfahren, wie sie es sich ursprünglich vorgenommen hatte. Sie würde nicht Gundula mit auf die Handelsfahrt nehmen, sondern Bolus, und ihre Tochter stattdessen Orma anvertrauen, die in Affalnau bleiben wollte. Das Verhältnis zwischen Gundula und Morrigu war um diese Zeit nicht das Beste. Durch diese Entscheidung verschlechterte es sich nun erst recht. Gundula, die voller Abenteuerlust war, fühlte sich zurückgesetzt. Wieder einmal drehte sich alles um Bolus und sie mochte sehen, wie sie mit Orma zurechtkam, der gegenüber sie schon seit langem Vorbehalte hatte.

Die Fahrt von Affalnau nach Island verlief ohne weitere Zwischenfälle. Es erfüllte Morrigu mit Genugtuung, dass damit ihre Behauptung bewiesen war, Frauen verstünden Ruder und Segel genauso geschickt zu bedienen wie Männer. Sie landeten auf Island in einer Bucht hinter dem Schiffskap und die Kunde, dass ein Schiff, allein mit Frauen besetzt, hereingekommen sei, war eine Nachricht, die viele Neugierige anlockte.

Nun hörte davon auch ein Kaufmann, der ein Fremder war, und kam hin mit einer Gruppe von seinen Männern.

Er sah sich das Schiff und die Frau, die Befehle beim Ausladen gab, genau an und nachdem er sich überzeugt hatte, dass er sich nicht täuschte, ging er zu ihr und sprach: »Ich bin Björn, der Bruder von Thorkel, der von deinem Mann Gunnar feige durch Brandstiftung getötet worden ist. Ich habe schon in Dublin vom König Sühnegeld verlangt und es ist mir verweigert worden, wohl weil du seine Buhle warst. Wie ich höre, bist du erst gestern mit deinem Schiff hereingekommen und ich denke, so rasch wirst du noch keinem Mann den Kopf verdreht haben, dass er jetzt seine Schwerthand für dich erhebt. Nun denn, wenn du mir die Waren, die du da landest, als Sühnegeld abtrittst, will ich auf meine Rache verzichten, die ich für meinen Bruder nehmen sollte. Wenn nicht, sei meiner Feindschaft gewiss.«

»Du erheiterst mich, Björn«, erwiderte Morrigu. »Du meinst, weil eine Frau dieses Schiff führt, könntest du sie bedrohen und Beleidigungen häufen auf sie und einen Mann, der tot ist, den sie jedoch immer noch liebt. Ich rate dir, scher dich deines Weges und lass dich vor unserem Schiff nie wieder blicken oder du wirst erfahren, dass die Frauen, die mit mir sind, das Schwert besser zu führen verstehen als du.«

Björn tat so, als nähme er sich diese Rede zu Herzen und ging fort. Darauf ließ Morrigu die Ladung des Schiffes an Land bringen und auf das Gehöft eines Mannes namens Skeggi schaffen, der den größten Teil von ihr kaufen wollte, aber noch mit ihr um den Preis handelte. Da brachen des Nachts Björns Männer in dieses Gehöft ein, um das keine Wachen standen, und trugen alles Gut, welches dort gelagert war, heimlich davon. Daraus entstand ein verwickelter Rechtsstreit. Morrigu forderte den Kaufpreis für das entwendete Gut von Björn. Skeggi verlangte von ihm Sühnegeld für den Knecht, der erschlagen worden war. Björn erhob Anspruch auf die Warenladung als Sühnegeld für den Mordbrand an seinem Bruder. Rechtskundige rieten nun Morrigu, zusammen mit Skeggi den Fall vor das Hauptthing, den Gerichtstag, zu bringen. Dessen jährliche Zusammenkunft war jedoch schon vorüber. Mit leeren Händen mochte Morrigu nicht heimkehren. Also blieb ihr nichts anderes übrig, als ein Jahr zu warten.

Sie, ihre Schiffsfrauen und Bolus krochen für den Winter in dem Gehöft Skeggis unter. Um die Sonnenwende aber breitete sich eine Blatternepidemie in Island aus, an der viele Menschen starben. Sowohl Morrigu wie Bolus erkrankten. Morrigu genas, doch trotz guter Pflege durch Skeggis Frau und die Schiffsfrauen erlag Bolus der Krankheit.

Morrigu war untröstlich und voller Schuldgefühle. Auch hatte sie wieder Gesichte. Sie sah die von rötlichem Dunst durchwehte Drachenhöhle, sah, wie der Drache größer und größer wurde. Alles vernichtend, kroch das Untier zu Tal. Es zerstörte Wälder und Gehöfte, fraß Rehe, Schafe, Menschen.

Während ihrer Abwesenheit von Affalnau mussten sich dort schlimme Dinge zugetragen haben. Sie standen zweifellos mit der Lava in Zusammenhang, deren Fluss sie und nur sie aufzuhalten vermochte. Ich hätte nie auf die Fahrt gehen dürfen, sagte sie sich. Welcher Dämon hatte sie beschwatzt, die wichtigste von all ihren Pflichten, nämlich jene, die nur sie ausüben konnte und auf die sie die Göttin durch Zeichen und Gesichte hingewiesen hatte, so sträflich zu vernachlässigen? Gewiss zürnt mir deswegen die Göttin und hat mir das Kind genommen, dachte sie immer wieder bei sich. Aber während sie sich so mit Selbstvorwürfen überhäufte, konnte sie doch nicht umhin, sich auch an das herrliche Gefühl von Freiheit zu erinnern, das sie empfunden hatte, als sie bei der Hinfahrt auf dem Mastblock gestanden, der Wind in das Segel gegriffen und das Meer sich vor ihr ausgedehnt hatte, nur Wellen und Schaumkronen bis hin zum Horizont.

Es hielt sie nicht länger in Island. Sie übertrug Skeggi ihren Anspruch auf die von Björns Männern verschleppten Waren und sagte ihm, sie werde versuchen, im nächsten oder übernächsten Jahr zurückzukommen und zu hören, was er für sich und sie vor dem Hauptthing habe erreichen können.

Sehr zeitig im Frühjahr fuhr sie von der Insel ab und landete mit ihren Schiffsfrauen nach einer beschwerlichen Reise in der Bucht am Robbenschloss. Sie fand das Schloss zerstört und während sie in der Höhle vor den Statuen der drei Göttinnen stand und mit diesen schweigend Zwiesprache hielt, betrat Barra, jene Frau, die sie bei ihrer Ankunft in Affalnau über die Insel gefahren hatte, das Heiligtum. Orma hatte sie geschickt. Von ihr erfuhr Morrigu, was sich während ihrer Abwesenheit auf Affalnau zugetragen hatte.

Kurz nach Morrigus Abreise war es zu einem starken Vulkanausbruch gekommen. Da sie nicht zur Stelle war, hatte die Lava ein großes Waldgebiet zerstört und war erst zum Stehen gekommen, nachdem auch die Ortschaften der Schmiedeweiber am Fuß des Feuerbergs verwüstet waren. Und Aryddwyn war über die Insel gezogen und hatte Morrigus Schuld an der Katastrophe gepredigt.

Orma hatte eine Hundertschaft ihr ergebener Frauen versammelt und war vom Robbenschloss aus aufgebrochen, um Aryddwyns Hetzreden gegen die Herrscherin Einhalt zu gebieten. Aber Aryddwyn hatte ebenfalls Kämpferinnen bei sich. Es war zu einem Gefecht gekommen, bei dem Ormas Haufe unterlegen und in alle Himmelsrichtungen zerstreut worden war. Mit einer Handvoll ihrer Getreuen war Orma auf das Robbenschloss zurückgeeilt, um Gundula in Sicherheit zu bringen, die sie dort zurückgelassen hatte. Sie war zu spät gekommen. Aryddwyn hatte sich Gundulas bemächtigt.

Das Mädchen bewunderte Aryddwyns Selbstvertrauen, ihr energisches Auftreten und ihre offen eingestandene Lust am Kriegerischen. So wäre sie selbst auch gern gewesen. Aryddwyn versprach ihr, ihr zur Herrschaft über Affalnau zu verhelfen. Nur bis Gundula volljährig wurde, würde sie als Regentin die Staatsgeschäfte für sie führen. Und das Mädchen, das zu einer eindrucksvollen Schönheit herangewachsen war, hatte sich im Trotz gegen ihre Mutter und aus Abneigung gegen deren Freundin und Beraterin für jenes Spiel benutzen lassen ...

Morrigu war vom Verrat ihrer Tochter zutiefst verletzt. Nach außen hin gab sie sich entschlossen, die Macht zurückzugewinnen: Es konnte nicht zwei Herrscherinnen auf Affalnau geben. Innerlich aber war sie unsicher und voller Selbstvorwürfe. Sie liebte Gundula mehr, als es dieser bewusst war. Gundula war Gunnars Kind – das Kind des Mannes, den Morrigu am meisten geliebt hatte. Sie hatte sich die Tochter als Vertraute gewünscht. Nun war sie ihr Feind.

Ein erbarmungsloser Bürgerkrieg, so berichtete Barra weiter, war zwischen den beiden Parteien entbrannt. Bald beherrschte Aryddwyn fast die gesamte Insel. Sie hatte das Robbenschloss nach einer sechswöchigen Belagerung eingenommen und zerstört. Orma war mit den wenigen Frauen, die immer noch zu ihr hielten, in die Berge geflohen. Es kostete sie alle Mühe, den Winter dort zu überstehen. Sie hielten sich in der unheimlichen Gegend nahe dem Huskildaf auf, in jener Lavawüste, in die ihnen die Feindin nicht zu folgen wagte.

Außer ein paar Murmeltieren fanden sie in dieser Höhe keine Tiere. Gegen das Frühjahr hin waren alle Vorräte, die sie mitgenommen hatten, aufgezehrt. Sie unternahmen Vorstöße in die Täler hinab und stahlen in den Gehöften hin und wieder ein Schaf.

In dieser Nacht ihrer Rückkunft tat Morrigu vor dem Altar der drei Frauen ein Gelöbnis. Sie versprach der Großen Göttin, das Schiff zu opfern, wenn diese ihr zum Sieg über ihre Feindin verhelfe. Die Schiffsfrauen schauten finster drein und schüttelten die Köpfe, als ihre Kapitänin ihnen befahl, alle Habseligkeiten in das Beiboot zu bringen und mit eigener Hand Lecks in den Schiffsrumpf zu schlagen, die das Schiff untergehen ließen. Doch sie taten wie befohlen. Danach machten sich die Frauen auf den Weg.

Nach einem Marsch von zwei Tagen und zwei Nächten, auf dem sie sich, solange es hell war, versteckt hielten, erreichte der von Barra geführte Trupp Ormas Lager im hohen Gebirge. Mit großer Herzlichkeit umarmten sich Morrigu und Orma. Morrigu spürte ein Gefühl von Wärme und Zufriedenheit, das immer in ihr aufkam, wenn die Vertraute in ihrer Nähe war. Erst jetzt merkte sie, wie sehr ihr Orma auf der Fahrt gefehlt hatte.

Abends saßen die beiden Gefährtinnen sich an einem kleinen Feuer gegenüber und berieten, was nun zu tun sei: »Uns ist alles fehlgeschlagen«, sagte Orma finster, »die Göttin will uns demütigen. Du hast ihr dein Schiff geopfert. Was, wenn ihr das nicht genug ist? Gehen wir zu Aryddwyn. Liefern wir uns ihrer Gnade aus.«

»Ebenso gut kannst du dich gleich selbst töten«, erwiderte Morrigu. »Ich kann mir nicht vorstellen, dass uns die Göttin so sehr zürnt. Ich habe ihr genug geopfert. Das Söhnchen, die Tochter, das Schiff. Die Insel ist ihr Reich. Warum sollte sie es völlig verderben? Hast du mir nicht einmal gesagt, man dürfe nie aufgeben? Ein Fünkchen Hoffnung besteht immer.«

»Das muss in einem anderen Leben gewesen sein«, antwortete Orma, »ich bin müde, mein Kind.«

»Und ich will das Fünkchen Hoffnung zum Glühen bringen und will sehen, dass ein großes Feuer daraus wird. Wenn es denn die Göttin gibt, so wollen wir ihr Lust machen, selbst in die Glut zu blasen und Holz hineinzuwerfen, damit es hell brennt.«

Der Kampf dauerte fünf Jahre, und man nennt ihn in der Geschichte von Affalnau den Krieg der Krähen gegen die Füchsin, weil Aryddwyn eine Kampfhaube trug, die mit dem Kopf einer Füchsin verziert war, während man sich erzählte, Morrigu hätten die Krähen beigestanden.

Im ersten Jahr gelang es Morrigu, die Hochebene zwischen dem Vulkan Huskildaf und dem Berg Tismul zu beherrschen, aber mehr oder weniger, weil es eine verfluchte Gegend war und sich niemand dort hintraute.

Krähen trugen unterdessen die Nachricht von Morrigus Heimkehr zu vielen Gehöften, in denen Frauen wohnten, die von Aryddwyns Ehrgeiz abgestoßen wurden, und die Große Göttin befahl ihnen in ihren Träumen, der rechtmäßigen Herrscherin beizustehen. Vor allem waren es die Clans im Südosten, der Clan der Pferdezüchterinnen, der der Spiegelmacherinnen von Kaspi und Verwandte von Barra aus den Apfelgärten von Daruun, die dieser Aufforderung Folge leisteten.

Nach einem zweiten furchtbaren Winter dehnte Morrigu ihren Einfluss bis zur Ebene von Aird aus. Aryddwyn hatte indessen ein neues Kastell in der Nähe der Robbenbucht errichten lassen und dort feierte sie mit ihrem Gefolge und den Robbenmännern das Sommerfest auf die alte Art und einige Frauen, die nach dem letzten Fest drei Jahre zuvor Knaben geboren hatten, gaben diese den Vätern wieder mit in das Land unter den Wellen. Dennoch schlug Aryddwyns Versuch fehl, Koltum zum Bundesgenossen gegen Morrigu zu gewinnen.

Bei aller Kränkung, die ihm Morrigu durch ihre Weigerung zugefügt hatte, ihm Bolus anzuvertrauen, war doch bei ihm eine gewisse Achtung, vielleicht sogar Liebe zu Morrigu geblieben. Er wusste, dass Bolus an der Seuche in Island gestorben war, und empfand keinen Triumph über Morrigus Unglück.

Im dritten Jahr nach Morrigus Rückkehr belagerte Orma nach dem Sommerfest das neue Kastell an der Robbenbucht, konnte es jedoch nicht einnehmen. Erst als sie abgezogen waren, räumte es Aryddwyn aus freiem Entschluss.

Im vierten Jahr eroberte Morrigu die Ebene von Aird. Im Frühjahr gelang ihrer Gegenspielerin allerdings ein überraschender Vorstoß, bei dem Aryddwyn viele in Blüte stehende Apfelbäume fällen ließ. Das führte dazu, dass jene Frauenclans, die dort Keltereien und Apfeldörren betrieben, ruiniert waren. Aber die Vernichtung der Apfelbäume wurde auf der ganzen Insel, nachdem sie sich herumgesprochen hatte, als eine abscheuliche Tat angesehen.

Morrigu zog danach in das neue Kastell bei der Robbenbucht und ließ einen Turm errichten, in dem es einen runden Saal, ähnlich dem im alten Gebäude, gab. Im fünften Jahr duldete sie wieder, dass das Sommerfest mit den Robbenmännern gefeiert wurde. Zuerst hatte sie es abgelehnt, daran teilzunehmen, dann aber, als die Musik in ihren Turmsaal herüberdrang, erschien sie am letzten Abend doch. Sie hatte eine lange Unterredung mit Koltum, bei der sie ihm Einzelheiten über den Tod von Bolus berichtete. Danach versöhnten sie sich und kamen überein, dass das Sommerfest jedes Jahr wieder gefeiert werden solle. Von nun an aber sollte es allen Frauen freistehen, selbst darüber zu entscheiden, ob sie ihre Söhne den Vätern mitgeben oder sie bei sich auf der Insel behalten wollten. Und man nannte von nun an bei denen, die ins Land unter den Wellen gingen und später von dort wieder zurückkehrten, jene Zeit, die sie dort verbrachten, die Jahre der Ziehkinderschaft bei den Robben. All diese Jungen wurden, nachdem sie herangewachsen waren, besonders fähige Fischer, Lotsen, Taucher und Seeleute. Bis in eine viel spätere Zeit war es ein Vorteil für jeden, der auf einem Walfänger oder Heringstrawler anheuern wollte, auf einen Vorfahren hinweisen zu können, der die Ziehkindschaft unter dem Meer genossen hatte.

Die entscheidende Schlacht im fünften Jahr fand nahe der Quelle am Schwarzen Strand statt. Morrigu befehligte die Hauptlinie der Bogenschützinnen. Orma hatte das Kommando über die Reiterinnen, die von Süden her angriffen und die Reihen von Aryddwyns Streitmacht durch ein Flankenmanöver erschütterten. Bei dem Steinmal für die Fünfzig kam es zu einem letzten, sehr heftigen Kampf. Dort fiel Aryddwyn, obwohl sie sich bis zum letzten Atemzug wütend zur Wehr setzte.

Morrigus Tochter floh mit einer kleinen Gruppe nach Norden. Es war ein Trupp von zwanzig Frauen, die der schönen Gundula treu ergeben waren. Am Eingang zu der Schlucht des Kilpinbaches wurden sie von Berittenen aus Ormas Hundertschaft eingeholt. Dennoch gelang es Gundula, mit allerlei Täuschungsmanövern die Höhe des Gersbengebirges zu erreichen. Der Kampf setzte sich auf dem Grat selbst fort. Schließlich war von Gundulas Gefolge nur noch eine Bogenschützin am Leben, ein Mädchen, mit dem Gundula eine innige Freundschaft verband. Die beiden Mädchen, die noch nie in dieser Gegend gewesen waren, flüchteten über den Grat, bis dieser plötzlich abbrach und sie unter sich in der Tiefe die Brandung des Meeres sahen.

Ormas Reiterinnen, die Befehl hatten, Gundula zu schonen, riefen Morrigus schöner Tochter zu, es werde ihr nichts geschehen und ihre Mutter habe ihr verziehen. Sie solle ihre Waffen fortwerfen und sich ergeben.

Gundula fragte zurück, ob diese Versicherung auch für Kattla, ihre Freundin, gelte. Das wüssten sie nicht, erwiderten die Frauen, aber es werde ihnen bestimmt gelingen, von Morrigu auch für Kattla Gnade zu erwirken.

»Gnade«, antwortete ihnen Gundula höhnisch, »wir wollen keine Gnade. Sagt meiner Mutter, dass ich Kattla mehr liebe als sie. Und wo ist man sicherer für immer mit einem Menschen vereint als im Tod!«

Darauf fassten sich die beiden jungen Mädchen bei der Hand und stürzten sich von der Höhe des Gebirges hinab ins Meer.

Als man Morrigu die Nachricht vom schaurigen Ende ihrer Tochter brachte, verstummte sie für Tage.

In dieser Zeit übernahm Orma die Befehlsgewalt. Die letzten versprengten Abteilungen der Füchsin wurden in der sumpfigen Lagune jenseits der großen Schaf- und Pferdeweide am Südhorn aufgespürt. Sie ergaben sich und nachdem man ihnen die Waffen abgenommen hatte, ließ man sie zu ihren Clans zurückkehren. Ihre eigenen Kriegerinnen führte Orma zu der Grotte in den Bergen. Dort fastete man drei Tage und drei Nächte und dankte der Göttin, dass der Bürgerkrieg auf Affalnau zu Ende war.

Morrigu und Orma aber lebten von nun an unangefochten in dem neuen Kastell, das vergrößert und mit Mauer und Graben umgeben wurde.

Im Jahr nach dem Ende des Krieges kam Kunde vom Schwarzen Strand, dass dort drei Mönche mit einem Faltboot gelandet seien. Sie wollten auf Affalnau den christlichen Glauben verkünden, hieß es. Morrigu jedoch erfuhr erst davon, als die drei heiligen Männer schon tot waren. Frauen aus den Bergclans von Guata, denen ihre eifernden Worte gegen die Große Göttin missfallen hatten, hatten ihnen ein rotes Martyrium bereitet. Morrigu drang darauf, dass der Fall untersucht werde. Orma reiste selbst in die Berge des Nordostens, doch als sie wieder zurückkam, berichtete sie, es sei unmöglich gewesen, die Schuldigen zu ermitteln. Also ließ man die Sache auf sich beruhen. Morrigu aber gab strikten Befehl, von nun an alle Fremden, die auf die Insel kämen, auf der Stelle zu ihr zu führen.

Im folgenden Jahr ließ sie in den Gersbenbergen eine Burg errichten, nahe der Stelle, an der Gundula den Tod gesucht hatte. Offiziell geschah es, um die wilden, auf ihre Unabhängigkeit pochenden Clans dieser Gegend besser zu kontrollieren. Aber Morrigu war selbst gern in dieser Landschaft, in der man meinen konnte, die Welt bestehe nur aus Kiefernwäldern, Felsen und Ausblicken aus der Höhe hinab auf die leere Fläche des Meeres.

Geschichte von den Orkney- und Shetland-Inseln

Was Hexen vermögen

Sie vermochten die Milch vom Vieh des Nachbarn zu stehlen, den Fisch zu sich an Land zu locken, auszufahren und das Boot randvoll mit Fischen heimzubringen, Stürme zu erregen, Schiffe zu versenken, jene, die sie beleidigt hatten, zu ertränken, Matrosen Leinen zu geben und wenn sie die Knoten daran aufmachten, kam ein Sturm auf. Sie konnten in einen Weinkeller nach London oder Irland fliegen und Wein bis zum Morgen saufen, sie vermochten mit magischer Schnelligkeit übers Meer zu fahren in den merkwürdigsten Fahrzeugen wie Sieben, Eierschalen oder trockenen Kuhfladen; sie vermochten dem Feind Krankheiten auf den Hals zu wünschen, Wanderern, die spät nachts unterwegs waren, aufzulauern und durch verfluchte Tricks zu bewirken, dass das Kind den Mutterleib nicht zur rechten Zeit verlassen konnte, sie konnten am Euter der Kühe saugen, verschiedene Gestalt annehmen. So wurden sie Möwen, Kormorane, Raben, Ratten, schwarze Schafe, Wellen, Wale und sehr häufig Katzen und Hasen.

Die Frau des Pfarrers

Es waren einmal zwei Burschen und die beiden hingen immer zusammen, richtige Kumpel, verstehen Sie. Nun, die zwei Burschen zogen aus, um Arbeit zu finden und kamen in einem Pfarrhaus unter. Ihr Zimmer lag ganz weit oben, unter dem Dach mit einem Bett auf der einen Seite und einem zweiten auf der anderen. Nun, jeden Abend war der Dickere von beiden schrecklich müde und verschlafen war er am Morgen, an jedem Tage des Jahres, aber er kam immer noch gerade rechtzeitig zur Arbeit.

Aber eines Nachts lag der Dünnere von beiden, also der Kumpel des Dicken, wach und hörte Schritte die Treppe heraufkommen.

»Na, wer ist das denn?«, denkt er bei sich.

Da kommt eine Frau mit einem Zügel in der Hand die Treppe herauf. Sie legt dem Dicken die Zügel an und sofort wird er zu einem schönen Pony. Sie führt es die Treppe hinunter und reitet darauf bis sechs Uhr morgens, dann bringt sie es wieder herauf und dann liegt da der Dicke wieder im Bett und es ist Zeit aufzustehen.

In der nächsten Nacht, der andere hat dem Dicken nichts gesagt, aber als sie im Bett liegen, denkt er: »Ich will wach bleiben. Ich behalte meine Kleider an und lege nur meine Mütze auf den Stuhl.«

Und, klink, klank, klink, klank, da kommt sie wieder. Sie will gerade seinem Kumpel den Zügel anlegen, da bekommt er ihren Arm zu fassen und spricht: »Jetzt leg ich dir mal den Zügel an.«

Das tut er denn auch und da verwandelt sie sich plötzlich in ein hübsches weißes Pferd. Er führt sie die Treppe hinunter und reitet sie und wenn sie in der Nacht zuvor seinen Kumpel lange geritten hatte, so reitet er sie jetzt noch länger, nämlich bis alle Läden geöffnet, die Hotels, die Gasthäuser und sogar die Schmiede. Er reitet auf ihr bis zum Schmied.

»Ein hübsches Tier hast du da«, sagt der Schmied, als er kommt.

»Stimmt«, sagt der Dünne, »hab's kürzlich gekauft, möchte es beschlagen lassen.«

Also verpasst der Schmied dem Tier vier Hufeisen und dann reitet der Dünne die Treppe hinauf, bis ins Zimmer, in dem sein Kumpel schläft. Er weckt ihn und bindet das Pferd am Stuhl fest.

»Mein Wort«, sagt der Dicke, »was hast du denn mit dem Gaul hier oben vor?«

»Stell dir vor«, spricht der andere, »das warst du in all den Nächten während der letzten zwölf Monate.«

»Ich – ein Pferd, das soll wohl ein Scherz sein?«

Sie gehen zum Frühstück. Es ist zwölf Uhr an diesem Tag statt wie sonst gegen sechs.

»Ihr Lieben«, sagt der Pfarrer, »meine Frau ist verschwunden. Ich habe sie heute noch nicht gesehen. Wisst ihr vielleicht, wo sie steckt?«

»Nein«, sagte der Dicke.

Und dann holt der Dünne das Pferd ins Zimmer und nimmt ihm die Zügel ab und spricht:

»Da habt Ihr sie wieder mit zwei Hufeisen an den Händen und zwei an den Füßen. Das hat sie mit meinem Kollegen zwölf Monate so getrieben. Das ist Eure Frau. Sie ist eine Hexe mit zwei Hufeisen an den Händen und einem an jedem Bein.«

Ja doch, die Frau des Pfarrers hatte den Dicken in ein Pony verwandelt – nur so zum Spaß. Sie war wirklich eine Hexe, versteht ihr!

Die blaue Mütze

Es war einmal ein Fischer in Kintyre, der hieß Ian Mac-
Rae. An einem Wintertag, als es keinen Zweck hatte,
zum Fang auszufahren, weil die See zu stürmisch war, wollte
Ian einen neuen Kiel für sein Boot anfertigen und er ging in
die Wälder zwischen Totaig und Glenelg, um einen großen
Stamm dafür auszusuchen.

Er hatte kaum damit begonnen sich umzusehen, als dich-
ter weißer Nebel von den Bergen herabkam und zwischen die
Bäume kroch.

Nun befand sich Ian ziemlich weit von seinem Haus entfernt und als der Nebel fiel, war er vor allem darum beküm-
mert, so rasch wie möglich heimzukommen, hatte er doch
keine Lust, sich zu verlaufen und eine kalte Nacht im Freien
zu verbringen.

Er folgte also dem Pfad, den er gerade noch erkennen
konnte und von dem er annahm, er werde ihn zurück nach
Ardelve bringen. Aber bald sah er, dass er sich getäuscht hatte,
denn der Pfad führte aus dem Wald heraus in eine seltsame
Landschaft. Und als die Dunkelheit fiel, merkte er, dass er sich
hoffnungslos am Gebirgshang verlaufen hatte.

Er wollte sich gerade in sein Plaid hüllen und unter einen Heidestrauch kriechen, als er in der Ferne ein schwaches
Licht schimmern sah. Er ging forsch darauf zu und als er näher kam, erkannte er, dass der Lichtschein aus dem Fenster
eines Steinunterstandes kam, wie ihn die Bauern benutzen,
wenn sie bei ihren Herden auf den Sommerweiden bleiben.
»Hier werde ich ein Lager für die Nacht bekommen und ein
gutes Torffeuer dürfte es wohl auch geben«, dachte Ian und
klopfte an die Tür.

Zu seinem Erstaunen antwortete niemand.

»Es muss doch aber jemand drinnen sein«, überlegte er, »eine Kerze zündet sich schließlich nicht von allein an.«

Er klopfte ein zweites Mal an die Tür. Wieder kam keine Antwort, obgleich er von drinnen nun Stimmen hörte. Darüber wurde Ian zornig, und er rief: »Was seid ihr nur für seltsame Leute, dass ihr einem wegmüden Fremden in einer Winternacht keine Zuflucht geben wollt?«

Da hörte er Füße schlurfen und die Tür wurde gerade so weit geöffnet, um eine Katze hereinzulassen. In dem Spalt aber zeigte sich eine alte Frau, die ihn scharf musterte.

»Ich denke, du kannst die Nacht über hier bleiben«, sagte sie nicht sehr freundlich, »es gibt kein anderes Haus weit und breit. Also komm herein und leg dich vor den Herd.«

Sie öffnete die Tür etwas weiter. Ian betrat den kleinen Unterstand und sofort hinter ihm schlug sie die Tür wieder zu. Im Herd brannte ein gutes Torffeuer und zu beiden Seiten saß noch je eine alte Frau. Die drei Alten sprachen kein Wort zu Ian, aber jene, die ihm die Tür aufgemacht hatte, führte ihn zum Herd, wo er sich in sein Plaid rollte. Er konnte nicht einschlafen, denn es war ihm unheimlich in dem kleinen Unterstand und er dachte: »Besser du hältst deine Augen auf.«

Nach einer Weile erhob sich eine der alten Frauen. Offenbar glaubte sie, ihr ungebetener Gast sei inzwischen eingeschlafen. Sie ging zu einer großen hölzernen Kiste, die in einer Ecke des Raumes stand. Ian hielt den Atem an und sah, wie sie den schweren Deckel hochklappte, eine blaue Mütze herausnahm und sie aufsetzte. Dann rief sie mit knarrender Stimme: »Carlisle!«

Und zu Ians Erstaunen war sie darauf verschwunden. So ging das auch bei den beiden anderen alten Weibern. Ein jedes stand auf, holte eine blaue Mütze aus der Kiste, rief »Carlisle!« und hatte sich im nächsten Augenblick in Luft aufgelöst.

Sobald er ganz allein war, stand Ian auf und ging zu der

Kiste. Drinnen fand er noch eine weitere blaue Mütze, die genauso aussah wie die anderen, und da er neugierig war zu erfahren, in welche Welt die drei Hexen davongefahren waren, zog er die Mütze an und rief laut, wie er es von ihnen gehört hatte: »Carlisle!«

Sofort wichen die Steinmauern des elenden Unterstands zur Seite, und es war Ian, als schieße er mit großer Geschwindigkeit durch die Luft. Dann stürzte er mit einem dumpfen Geräusch zu Boden und als er sich umschaute, sah er, dass er in einem riesigen Weinkeller stand, wo die drei alten Weiber ausgelassen zechten. Als sie aber Ian sahen, hörten sie sofort auf und riefen: »Kintail, Kintail! Wieder zurück!«

Sofort waren sie verschwunden.

Ian verspürte kein Verlangen, ihnen auch diesmal wieder zu folgen, denn in dieser Umgebung gefiel es ihm. Er betrachtete alle Kruken und Flaschen sorgfältig, nahm hier und dort einen Schluck, bis er in eine Ecke schwankte und in tiefen Schlaf verfiel.

Nun war es aber so, dass der Weinkeller, in den Ian auf so geheimnisvolle Weise gelangt war, dem Bischof von Carlisle gehörte und unter dessen Palast in England lag. Am Morgen kamen Diener des Bischofs in den Keller hinunter und erschraken, als sie die leeren Flaschen sahen, die am Boden herumlagen.

»Es haben schon öfter Flaschen aus den Regalen gefehlt«, sagte der Steward, »aber so schandbar hat sich der Dieb hier unten noch nie aufgeführt.«

Dann entdeckten die Diener Ian, der immer noch in der Ecke lag und schlief, und immer noch hatte er die blaue Mütze auf dem Kopf.

»Da ist der Dieb! Da ist der Dieb!«, riefen sie.

Ian wachte auf, sie banden ihm die Arme auf den Rücken, legten ihm an den Fußknöcheln Fesseln an und zerrten ihn fort wie eine Gans, die auf den Schlachtklotz soll.

Der Gefangene wurde vor den Bischof gebracht und ehe man ihn vor den Thron des hohen Herrn führte, riss man ihm die Mütze vom Kopf, denn es war ein Zeichen der Missachtung, wenn ein Mann mit einer Mütze den Palast betrat. Ian wurde also verhört und dem bischöflichen Gericht vorgeführt, das ihn zum Tod auf dem Scheiterhaufen verurteilte.

Auf dem Marktplatz von Carlisle häufte man einen großen Holzstoß und band den armen Sünder darauf fest. Und viel Volk versammelte sich, um zu sehen, wie der Mann durch das Feuer zu Tode kam. Ian hatte sich schon in sein schlimmes Schicksal gefügt, als er plötzlich einen guten Einfall hatte.

»Eine letzte Bitte!«, rief er. »Ich will nicht ohne meine blaue Mütze in die Ewigkeit eingehen.«

Seine Bitte wurde ihm gewährt und man setzte ihm die blaue Mütze auf den Kopf. Kaum aber fühlte Ian, dass man sie ihm aufgesetzt hatte, da warf er einen verzweifelten Blick auf die Flammen, die schon unter seinen Zehenspitzen züngelten, und rief so laut er konnte: »Kintail, Kintail! Wieder zurück!«

Und zum großen Erstaunen der guten Leute von Carlisle waren Ian und der Holzstoß in eben diesem Augenblick verschwunden und wurden in England nie mehr gesehen.

Als Ian wieder zu sich kam, befand er sich in den Wäldern zwischen Totaig und Glenelg, aber von dem alten Unterstand, in dem die drei Hexen gesessen hatten, war keine Spur mehr zu sehen. Es war ein schöner Tag nach einer Nacht mit Nebel und Ian sah einen alten Bauern auf sich zukommen.

»Würdest du mich von diesem elenden Holzstoß losbinden?«, bat Ian den alten Mann.

Der Bauer tat wie ihm geheißen.

»Aber wie in aller Welt ist es dazu gekommen, dass man dich da festgebunden hat?«, fragte er dann.

Ian betrachtete den Stoß schuldbewusst, aber dann sah er, dass es gutes, festes Holz war, und es fiel ihm plötzlich wieder ein, weshalb er überhaupt von zu Haus fortgegangen war.

»Ach, das ist eine Lage Holz, die ich zusammengetragen habe, um einen neuen Kiel für mein Fischerboot zu machen«, erwiderte er, »der Bischof von Carlisle selbst hat es mir gegeben.«

Und als der Bauer ihm den rechten Weg nach Ardelve gewiesen hatte, ging Ian fröhlich pfeifend heim.

Geschichte von den Hebriden

Des Harfenspielers Stein

An der Straße zwischen Atholl und Strathardle steht ein Stein, der *Clach a Charsair* (Stein des Harfners) genannt wird. Und so ist es zu diesem Namen gekommen: Ein Mann ging über das Moor zwischen Atholl und Strathardle und hatte eine Harfe bei sich. Da sah er ein Rudel Wölfe auf sich zukommen. Er war erschrocken und wusste nicht, was er tun sollte. Er setzt sich auf einen Stein und begann, auf seiner Harfe zu spielen. Vielleicht, dass dies die Raubtiere beruhigen würde. Die aber zeigten sich wenig beeindruckt. Das Tier an der Spitze des Rudels aber war größer und stärker als die übrigen Tiere und streckte seine Pfote gegen den Mann aus. Der Mann sah sie sich an und merkte, dass ein Dorn in der Trittfläche steckte. Er dachte sich, es werde nichts schaden, ihn herauszuziehen, und kaum war das geschehen, da wandte sich der Wolf ab und zog die anderen Tiere mit sich fort.

Einige Zeit darauf ging der Harfenspieler auf einen Markt. Da kam ein Gentleman auf ihn zu und sprach ihn an. Der Harfner begriff nicht, warum ein völlig fremder Mensch das Gespräch mit ihm suchte. Der Gentleman fragte ihn, was denn das Schlimmste sei, das ihm je zugestoßen wäre und der Harfner erzählte ihm das Erlebnis mit den Wölfen.

Der Gentleman streckte seine rechte Hand aus und fragte den Harfner, ob er die Hand erkenne.

»Das war nämlich die Hand, aus der Ihr den Dorn herausgezogen habt«, sagte er.

Dann erzählte der Gentleman weiter, er habe eine böse Stiefmutter gehabt, die eine Hexe gewesen sei. Sie habe den Dorn in seine Hand gespießt und ihn in einen Wolf verwandelt, und da der Harfner ihn herausgezogen habe, sei er erlöst worden.

Literaturverzeichnis

Campbell, J. F.: Popular Tales of the West Highlands, Edinburgh 1860-1872, Bde. I–IV; daraus entnommen:
Die Abenteuer des Mac Ian Direach
Der junge König von Easaidh Ruadh
(erzählt von James Wilson, einem blinden Fiedler)
Die blaue Mütze

Campbell, J. G.: Witchcraft and Second Sight in the Scottish Highlands, 1902; daraus entnommen: *Was Hexen vermögen*

Child, F. J. (ed.): The English and Scottish Popular Ballads, Boston 1857; daraus entnommen:
Tam Lin (dies ist eine Nacherzählung der gereimten Fassung)
Tom der Reimer

MacInnes, D.: Folk and Hero Tales. Erzähler: Archibald Mac Tavish, Schuhmacher, Oban 1881-1882; daraus entnommen:
Das Königreich in den Grünen Bergen
Das Schiff, das nach Amerika fuhr

School of Scottish Studies: Tocher – Tales, Songs, Traditions, No. 58; daraus entnommen:
Die Frau des Pfarrers
(Martha Reid, Blairgowrie, Perthshire, recorded by Maurice Fleming, transcribed by Cathie Scott SA 1956.181)
Des Harfenspielers Stein
(Peter Scott aus Upper Balanluig, Perthshire, hörte die Geschichte von seinem Großvater und Vater. Gesammelt von Lady Evely Stewart Murray 1891)

Die Märchen in diesem Buch sind einem unvollständigen Manuskript von Frederik Hetmann entnommen worden, das er vor seinem Tod im Jahr 2006 nicht mehr fertigstellen konnte.

Trotz intensiver Recherche ist es uns nicht gelungen, alle von ihm herangezogenen Quellen und die Rechteinhaber der in diesem Band abgedruckten Märchen ausfindig zu machen.

Wir möchten uns dennoch bei allen unbekannten Erzählern bedanken, dass sie zur Entstehung dieses Märchenbandes beigetragen haben. Berechtigte Ansprüche bleiben gewahrt.